Equipo de investigación

UNIVERSIDAD DE CÓRDOBA

Begoña Escribano Salmoral
Fernando Lara de Vicente
Leonor M. Pérez Naranjo
Manuel Rivera Mateos
Maribel Rodríguez Zapatero
Mª Ángeles Jordano Barbudo
Rafael Cejudo Córdoba
Rocío Muñoz Benito

UNIVERSIDAD DE SEVILLA

Blanca del Espino Hidalgo
Gaia Angelica Redaelli

Equipo de trabajo

Ángel Francisco Molina de la Torre
Ángel Lora González
Carlos Anaya Sahuco
Carmen de Prado Ruiz-Santaella
Elsa Franceschetto
Jacinta Ortiz Miranda
Katherine Joy Caws (traducción)
Manuel Padilla Soriano
Mª del Carmen García Manga (revisión lingüística y estilística)
Mª Victoria Rosique Rodríguez
Paloma Gutiérrez Andrés
Rafael Obrero Guisado
Rafael Porlán Moreno (traducción)
Sofía Lorena Arellano Velázquez

Coordinación

Mª Ángeles Jordano Barbudo
Carmen de Prado Ruiz-Santaella

Agradecimientos

Antonia Alcántara Luque. Presidenta de la comisión Turismo y Cultura
de CECO (Confederación de Empresarios de Córdoba)
Antonio Vallejo Triano. Director del Conjunto Arqueológico Madinat al-Zhara
Enrique Ortega Ortega. Exdirector de los Museos Municipales de Córdoba
Eva Mª Delgado Sánchez. Directora General de Cultura. Ayuntamiento de Córdoba
Francisco Javier Muñoz Macías. Departamento de Medioambiente. Ayuntamiento de Córdoba
José María Sabalete Fernández. Casa-patio de la calle Marroquíes, 6
Leopoldo Izquierdo Fernández. Director de la Fundación Cajasur y del Palacio de Viana
Manuel Jurado Pontes. Departamento de Parques y Jardines. Ayuntamiento de Córdoba
Manuel Rojo Aranda. Departamento de Medioambiente. Ayuntamiento de Córdoba
Manuela Relaño Moyano. Departamento de Parques y Jardines. Ayuntamiento de Córdoba
Mª Dolores Baena Alcántara. Conservadora de museos de la Junta de Andalucía
y exdirectora del Museo Arqueológico de Córdoba
Mª José Muñoz López. Directora del Museo y Biblioteca Diocesana de Córdoba
Mariano López Benítez. Catedrático de Derecho Administrativo. Universidad de Córdoba
Miguel Espejo Pulido. Cabildo Catedral de Córdoba
Olga Sánchez Liranzo. Conservadora del patrimonio en el Conjunto Arqueológico Madinat al-Zhara
Ricardo Martín de Almagro y Giménez de los Galanes. Imgema, Real Jardín Botánico de Córdoba

Guía para la acción
del recurso patrimonial en los ODS

UCOPress
Editorial Universidad de Córdoba

Patrimonio cultural. Vol. 1 — Córdoba: UCOPress. Editorial Universidad de Córdoba, 2024
Guía para la acción del recurso patrimonial en los ODS
Vol. 1: 17 x 23 cm, 84 pp. Vol. 2: 17 x 23 cm, 84 pp. Vol. 3: 17 x 23 cm, 88 pp. il. color.
THEMA: KJJ, RNU, VSZ, GLZ

© Edita. UCOPress. Editorial Universidad de Córdoba, 2024
  Campus de Rabanales. Ctra. Nacional IV, Km 396
  14071 Córdoba (España)
  Tlf. +34 957 212 165
  http://www.uco.es/ucopress
  ucopress@uco.es

ISBN obra completa: 978-84-9927-788-2
ISBN Vol. 1: 978-84-9927-789-9
ISBN Vol. 2: 978-84-9927-790-5
ISBN Vol. 3: 978-84-9927-791-2
DL: CO 147-2024

Esta editorial es miembro de la UNE, lo que garantiza la difusión y comercialización de sus publicaciones a nivel nacional e internacional.

Esta publicación cumple con los estándares de papeles ecológicos.

Esta obra es uno de los tres volúmenes publicados como resultado del proyecto de investigación y transferencia "Guía para la acción del recurso patrimonial en los ODS" (Ref. UCO.22-01), realizado con el apoyo y la financiación obtenida de la Consejería de Fomento, Articulación del Territorio y Vivienda de la Junta de Andalucía, en el marco de convocatoria 2022 de ayudas, en régimen de concurrencia competitiva, destinadas a Universidades Públicas Andaluzas para el desarrollo de proyectos de investigación en las materias competencia de la Secretaría General de Vivienda. Asimismo, ha sido financiado por el Plan Galileo de Innovación y Transferencia de la Universidad de Córdoba.

UN PROYECTO DE:

FINANCIADO POR:

COLABORA:

 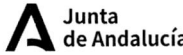 

Vol. 1
Patrimonio cultural

Carta del rector de la Universidad de Córdoba

Esta guía publicada por la Universidad de Córdoba nació de un proyecto UCO Social Innova del Plan Galileo mediante el cual la asociación sin ánimo de lucro CUCO Club de Córdoba para la UNESCO solicitaba la colaboración del grupo de investigación HUM 428; poco después, desembocó en un proyecto de mayor envergadura financiado por la Consejería de Fomento, Articulación del Territorio y Vivienda de la Junta de Andalucía. El resultado son tres guías –para un recurso patrimonial cultural, para el patrimonio verde urbano y la casa-patio–, cuyo propósito es proporcionar una herramienta a los responsables de la gestión del patrimonio para el diseño de una estrategia alineada con los Objetivos de Desarrollo Sostenible (ODS) de la Agenda 2030, que promovió Naciones Unidas en 2015. La organización internacional reconocía así el papel de la cultura en el desarrollo sostenible a través del patrimonio cultural y natural, con la implicación de las comunidades locales, "para promover el crecimiento económico sostenido e inclusivo, el desarrollo social y la protección del medioambiente".

Vivimos en una ciudad patrimonio. Así lo ha reconocido la UNESCO mediante sucesivas inscripciones en la lista del Patrimonio Mundial: Mezquita-Catedral (1984), ampliación de la inscripción anterior al Conjunto Histórico (1994), la fiesta de los patios (2012) y la ciudad califal de Medina Azahara (2018). Esto plantea a diario el reto de hacer compatible el bienestar social con la gestión adecuada de los bienes patrimoniales, de tal manera que se garantice el desarrollo sin comprometer su conservación, más allá del mero valor turístico. Córdoba puede convertirse en un modelo inspirador para otras ciudades históricas en cuanto al uso y disfrute del patrimonio cultural y natural, procurando su conservación, protección y salvaguarda, para alcanzar el desarrollo sostenible sin renunciar al lógico devenir histórico de la ciudad en clave contemporánea.

La Universidad de Córdoba ha apostado por la sostenibilidad a través de distintos grupos y unidades de investigación, proyectos y alianzas, consciente de que es prioritario promover una ciudad verde, en la que se cuide del ecosistema en que los seres vivos se desenvuelven conviviendo con un patrimonio en sus múltiples manifestaciones, materiales e inmateriales. De ahí la importancia de esta publicación; una gestión sostenible mejora el entorno, el medioambiente, la accesibilidad, la seguridad, la convivencia y el bienestar de la ciudadanía.

Esta guía no solo facilita la comprensión y aplicación de la sostenibilidad; sirve para sensibilizar y concienciar a los responsables del patrimonio y a la sociedad en general sobre la necesidad de implicarnos en la construcción de un entorno mejor.

Manuel Torralbo Rodríguez
Rector Mgfco. de la Universidad de Córdoba

Prólogo

La Consejería de Fomento, Articulación del Territorio y Vivienda de la Junta de Andalucía, a través de la Secretaría General de Vivienda, tiene entre sus objetivos promover e impulsar el trabajo científico y académico desarrollado en el seno de las Universidades Públicas Andaluzas; con el firme convencimiento de su repercusión en beneficio del progreso y bienestar de la ciudadanía andaluza a través de la transferencia de los resultados obtenidos.

Para ello, desde el año 2018 se vienen convocando subvenciones que buscan propiciar la generación de conocimiento a través de la financiación de proyectos de investigación propuestos desde las propias entidades universitarias. De este modo, en la convocatoria de Ayudas para Universidades Públicas Andaluzas de Proyectos de Investigación 2022, en régimen de concurrencia competitiva, resultaron como beneficiarios un total de quince proyectos de investigación que, a través de su afinidad en torno a seis líneas prioritarias, daban respuesta a materias –Vivienda, Arquitectura, Rehabilitación y Patrimonio Arquitectónico– que son competencia de la Secretaría General de Vivienda.

En este contexto, el proyecto presentado por la Universidad de Córdoba, en colaboración con las entidades CUCO - Club de Córdoba para la UNESCO, PAX - Patios de la Axerquía, y la Asociación Patrimonio Industrial de Córdoba, "UCO.22-01. GARPODS: La guía para la acción de un recurso patrimonial en los ODS", se alinea con el tema prioritario "5. Rehabilitación de los centros históricos, tanto de los edificios y centros históricos como del patrimonio industrial, considerando la reutilización y nuevos usos, poniendo en valor la dimensión de habitabilidad y convivencia, analizando el impacto de la actividad turística, y elaborando propuestas que contrarresten la gentrificación". En consecuencia, entre los diversos frutos de esta investigación se encuentra la presente guía, configurada a través de una triada según cada temática abordada.

Habida cuenta del legado cultural presente a lo largo de la geografía andaluza, con numerosos Conjuntos Históricos declarados, y la necesidad de abordar la ciudad heredada bajo criterios patrimoniales para su salvaguarda; la presente guía surge como una oportunidad para atender lo propuesto en los ODS poniendo en el centro los valores patrimoniales, a todos los niveles, como elemento clave en el inexorable desarrollo bajo criterios de sostenibilidad.

La aplicabilidad directa de resultados, a modo de transferencia del conocimiento hacia la sociedad, bien sea a través de las políticas de esta Consejería, bien mediante los desarrollos protagonizados por el tejido social andaluz, se erige como una de las piedras angulares de estas ayudas. Y es en ese anhelo de mejorar el hábitat en que nos desenvolvemos, implicando a todos los agentes sociales, donde se incardina el presente trabajo.

Alicia Martínez Martín
Secretaria General de Vivienda

Índice

*Las palabras subrayadas han sido destacadas para indicar que forman parte de un glosario específico. Este recurso, tiene como objetivo proporcionar definiciones y aclaraciones sobre términos clave del contenido.

Presentación de la obra completa

GUÍA PARA LA ACCIÓN DEL RECURSO PATRIMONIAL EN LOS ODS

En esta Década de Acción, en la que se nos exhorta a redoblar esfuerzos para lograr los objetivos y metas propuestas en la Agenda 2030 de Naciones Unidas, es necesaria la participación de los distintos agentes sociales que busquen promover el desarrollo sostenible en el entorno en el que se desenvuelven. Con este propósito surge este ambicioso proyecto, que no se conforma con intenciones teóricas, sino que se ha traducido en acciones concretas a través de la formulación de tres guías de actuación –patrimonio cultural, patrimonio natural y casa-patio– basadas en la metodología SDG Compass del Pacto Global de Naciones Unidas.

Este proyecto de innovación, investigación y transferencia se configuró gracias a una red de colaboración con distintos departamentos de la Universidad de Córdoba, y se complementó con un proceso de diálogo y consenso entre los responsables de la gestión de un recurso patrimonial cultural, un recurso patrimonial natural y una casa-patio. De esta forma se desarrolló un proyecto con un enfoque teórico y práctico que promueva una visión integradora incorporando el patrimonio como eje en el desarrollo sostenible.

Es un programa de sensibilización y concienciación, alineado con la Agenda Urbana de Andalucía sobre el patrimonio en la ciudad, con la participación y responsabilidad ciudadana, que implica la preservación de técnicas y tradiciones, y la incorporación de la innovación y el uso de nuevas tecnologías a favor de una gestión sostenible en las casas-patio, los recursos patrimoniales culturales materiales y los recursos patrimoniales naturales de carácter urbano. Se ha procurado proporcionar directrices que permitan la aplicación de estrategias que incorporen la esencia de los Objetivos de Desarrollo Sostenible de la Agenda 2030.

Promueve, a su vez, la rehabilitación de los centros históricos, la reutilización y nuevos usos de edificios históricos, poniendo en valor la dimensión de habitabilidad y convivencia, y afrontando los retos de la ciudad global; todo ello, con el apoyo de entidades comprometidas con la innovación y el bienestar de la sociedad, como son la asociación sin ánimo de lucro CUCO Club de Córdoba para la UNESCO y PAX-Patios de la Axerquía. Esta alianza multidisciplinar apunta a revitalizar los centros históricos, a preservar tradiciones y a contrarrestar la gentrificación, todo ello encaminado a fomentar la habitabilidad y la coexistencia armónica en la ciudad.

A ello se suma la intención de demostrar el papel que tiene el patrimonio en la consecución del desarrollo sostenible y cómo interviene en el bienestar de una comunidad. Con este objetivo, a partir de la sensibilización y la incorporación de la Agenda 2030 y los Objetivos de Desarrollo Sostenible, esperamos aportar medidas que permitan un futuro mejor para las generaciones venideras. Esta iniciativa no se limita a su aplicación en Córdoba y su provincia; aspira a ser un ejemplo de inspiración para otras regiones, ofreciendo un modelo de regeneración urbana que se construye de la mano de la ciudadanía, generando un sentimiento de pertenencia a través de la sostenibilidad.

Las tres guías que se han diseñado son las siguientes:

La guía para la acción de un recurso **patrimonial cultural** está dirigida a los museos, monumentos, centros de interpretación, bibliotecas, archivos, yacimientos arqueológicos, conjuntos arqueológicos, patrimonio industrial y arquitectura contemporánea que busquen incorporar la sostenibilidad a su gestión.

La guía para la acción de un recurso **patrimonial verde urbano** es de aplicación para los parques y jardines, arbolado viario, infraestructuras viales ajardinadas –plazas, medianas o glorietas–, cementerios y riberas en cuya gestión se pretenda incorporar la sostenibilidad.

La guía para la acción de la **casa-patio** está orientada tanto a las casas unifamiliares como a las casas de vecinos que tengan un patio, a los alojamientos turísticos en casas-patio, monumentos, conventos y monasterios con claustros y/o patios, así como a las viviendas que concurran al festival de los patios; todas ellas con interés por incorporar la sostenibilidad en su gestión.

Teniendo en cuenta las necesidades y especificaciones en cada uno de los tres casos, se han elaborado una serie de herramientas que tienen por objeto facilitar la alineación de su gestión patrimonial con los ODS. Su aplicación favorecerá el uso eficiente de los recursos, salvaguardando y conservando el patrimonio para las generaciones futuras, gracias a los conocimientos y habilidades transmitidos por la comunidad patrimonial.

Contexto

El propósito del desarrollo sostenible es alcanzar el equilibrio entre el desarrollo social, el crecimiento económico y la protección del medioambiente para lograr un planeta equitativo, viable y habitable.

Los Objetivos de Desarrollo Sostenible (ODS) de Naciones Unidas configuran una hoja de ruta universal, transformadora e inclusiva. El horizonte se llama 2030, una alianza mundial para erradicar la pobreza extrema y el hambre, combatir la desigualdad y el cambio climático.

Además, todas las instituciones y personas estamos llamados a contribuir al desarrollo sostenible porque, para que exista una transformación global, hemos de comenzar por una conversión local.

Con la adopción de esta agenda en 2015, la comunidad internacional ha reconocido por primera vez el papel transversal de la cultura en el desarrollo sostenible.

UNESCO presenta el patrimonio como un fin, un agente impulsor y facilitador para alcanzar los ODS[1], y como un medio, un instrumento que mejora la eficacia de los programas de desarrollo.

La "Guía para la acción del recurso patrimonial cultural en los ODS" se ha elaborado a partir de la metodología SDG Compass ("Brújula de los ODS" en español) que es una herramienta sencilla y visual para que los elementos patrimoniales integren la esencia de los ODS en su gestión.

Definición de desarrollo sostenible

En 1987, la Asamblea General de Naciones Unidas establece la Comisión Brundtland, en la que se define el desarrollo sostenible como el progreso que satisface las necesidades actuales sin comprometer las de las generaciones futuras.

[1] Hosagrahar, J. (2017). La cultura, elemento central en los ODS. *Correo*. Disponible en: https://es.unesco.org/courier/april-june-2017/cultura-elemento-central-ods

Fuente: Naciones Unidas

Introducción al patrimonio cultural

¿POR QUÉ LOS ODS SON IMPORTANTES PARA LOS RECURSOS PATRIMONIALES?

Los ODS identifican las prioridades en la ambiciosa agenda del desarrollo sostenible de Naciones Unidas, concretan las metas que han de lograrse en el año 2030 y buscan movilizar los recursos precisos haciendo un llamamiento a la alianza mundial. Gobiernos, empresas, instituciones y sociedad civil son necesarios para transformar nuestro mundo, poner fin a la pobreza y velar por el planeta. En definitiva, construir un mundo mejor, ahora y en el futuro.

Los Objetivos del Milenio (ODM), antecesores de los ODS, fueron revolucionarios porque ofrecieron un discurso común para alcanzar un acuerdo global, pero solo comprometían a los países en desarrollo. En 2015, Naciones Unidas constató que tanto los países desarrollados como los menos favorecidos afrontaban los mismos retos. Los ODS han sido aprobados por todos los gobiernos y su éxito depende, en gran medida, de la acción de todos los actores.

La Agenda 2030 ofrece una oportunidad para proteger y salvaguardar el patrimonio a través de la meta 11.4, destacando la importancia de crear ciudades y comunidades sostenibles.

Los ODS permitirán entender cómo una adecuada gestión de los recursos patrimoniales ayuda a la consecución del desarrollo sostenible, minimizando los impactos negativos y maximizando los impactos positivos en las personas y en el planeta.

Todos los asuntos relevantes que se trabajan en la gestión de cualquier organización están contemplados en los ODS. De esta manera, los ODS pueden ayudar a conectar las estrategias de las instituciones con las prioridades globales. Los ODS no solo son una guía para el desarrollo sostenible, sino, también, una herramienta de planificación, seguimiento y control que permite:

Reconocer la contribución local a los objetivos globales

Actuando localmente se contribuye globalmente, pero identificar en qué contribuimos no es fácil, aunque es necesario para ir incorporando acciones adecuadas. Los ODS son una recopilación de necesidades globales que ayudan a cada comunidad a reflexionar y determinar dónde actuar. Por lo tanto, la aplicación de los ODS facilita a las personas encargadas de la gestión del patrimonio concretar su aportación al desarrollo sostenible.

Identificar y poner en valor acciones sostenibles que ya se realizan en el recurso patrimonial

La mayoría de los elementos patrimoniales ya realizan acciones que favorecen el desarrollo sostenible pero la gestión no suele ser consciente del impacto que generan y no lo ponen en valor.

Detectar nuevas oportunidades de acción

Los elementos patrimoniales que ofrezcan soluciones innovadoras a los retos que plantean los ODS atraerán las inversiones públicas y privadas porque, justamente, la agenda del desarrollo sostenible busca redirigir los recursos a nivel mundial hacia los desafíos que los ODS representan. Se han convertido en un marco de referencia para las estrategias de Responsabilidad Social Corporativa.

Mejorar el valor de la sostenibilidad

La integración de los ODS permite alinear la gestión patrimonial hacia la sostenibilidad (procesos, infraestructuras, grupos de interés, planificación y programaciones) y conlleva un uso eficiente de los recursos, ahorro en costes y cambios a alternativas más sostenibles.

Fortalecer las relaciones con los grupos de interés y estar al día con el desarrollo de políticas

Los ODS incorporan la participación de las partes interesadas y las agendas de la administración local, regional, nacional e internacional. Los recursos patrimoniales que alinean su gestión con los ODS cumplen la ley y refuerzan su prestigio ante sus grupos de interés (visitantes, comunidad local, personal empleado, entidades proveedoras, voluntariado y agentes financiadores). Quienes no lo hagan, se expondrán a crecientes riesgos legales y de reputación.

Aplicar medidas que tengan en cuenta la satisfacción de los grupos de interés

Es importante velar por una gestión sostenible del recurso patrimonial que tenga en cuenta las necesidades de los distintos grupos de interés, que permita que todos ellos puedan tener una experiencia satisfactoria, y que favorezca tanto al visitante como al personal encargado de la gestión patrimonial.

Convertir el patrimonio en un socio vital del programa *Educación para el Desarrollo Sostenible de la UNESCO*

Esta iniciativa busca la formación y capacitación de las personas en el entorno local para la consecución de los ODS.

El patrimonio es una vía excepcional para educar a la sociedad en los valores de la sostenibilidad y sensibilizar sobre la crisis social y medioambiental a la que nos enfrentamos.

Entender el patrimonio como un elemento fundamental para la lucha contra el cambio climático

Los ODS permiten a los elementos patrimoniales reconsiderar su papel en el siglo XXI, tomar partido ante el reto global, pasando a adoptar una función activa como agentes del cambio; en especial, en la activación social del patrimonio urbano, al permitir la densificación, la revegetación y el fortalecimiento de la idea de ciudad de 15', apostando por un modelo compacto frente a la ciudad dispersa.

Compartir un mismo lenguaje y objetivo

Los ODS son una hoja de ruta universal que utiliza un lenguaje común para comunicar los impactos y compromisos de las organizaciones. Al compartir un mismo propósito, se suman todas las actuaciones para hacer frente a los desafíos sociales y climáticos más urgentes del mundo.

"La cultura es una parte intrínseca de la experiencia humana y, con la adopción de la Agenda 2030 para el Desarrollo Sostenible, la comunidad internacional también reconoció el papel de la cultura como motor del desarrollo sostenible"

Audrey Azoulay
Directora General de la UNESCO, 2018

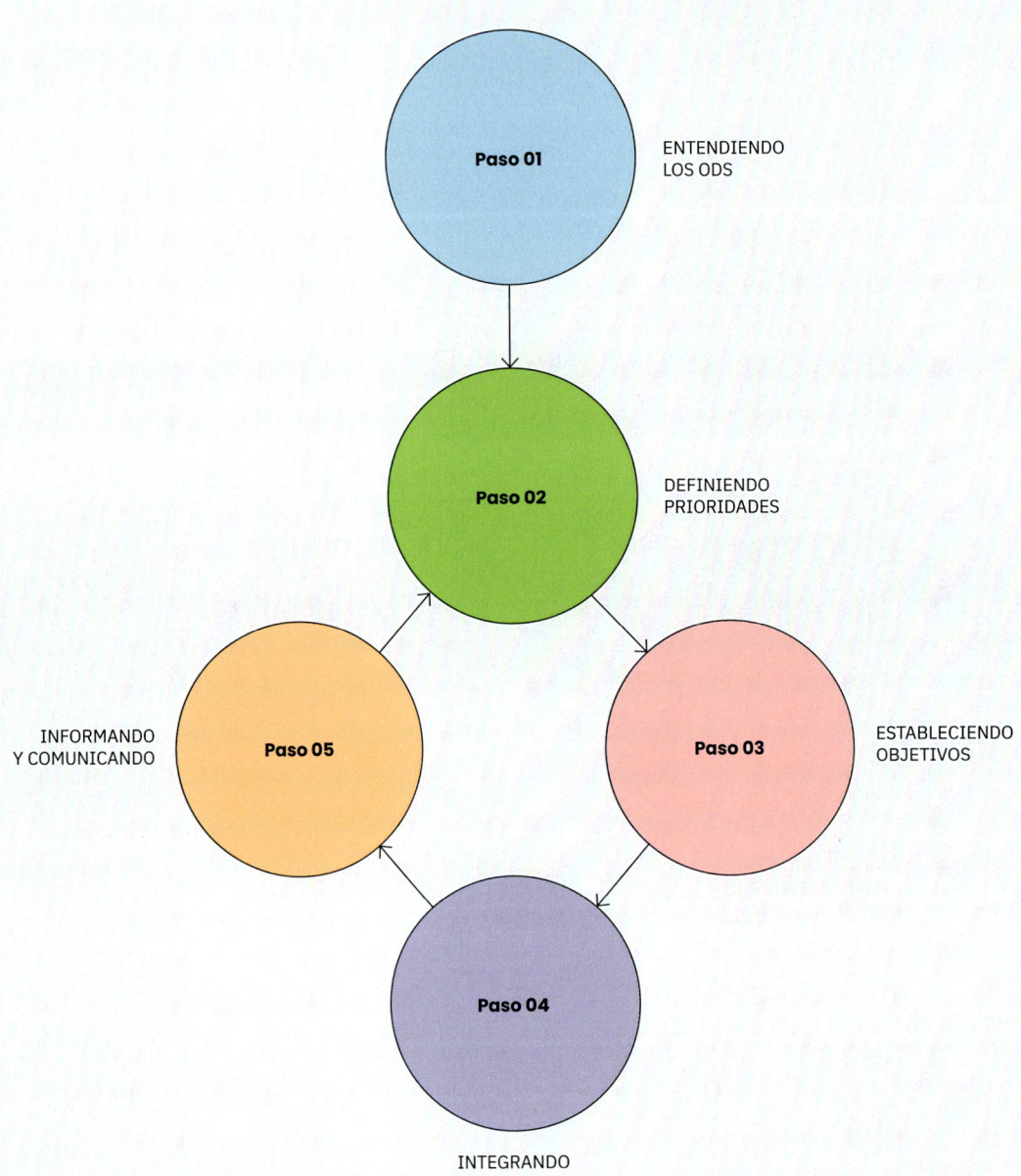

Paso 01 — ENTENDIENDO LOS ODS

Paso 02 — DEFINIENDO PRIORIDADES

Paso 03 — ESTABLECIENDO OBJETIVOS

Paso 04 — INTEGRANDO

Paso 05 — INFORMANDO Y COMUNICANDO

Los 5 pasos de la metodología
SDG Compass.

¿QUÉ ES SDG COMPASS Y CÓMO LO HEMOS ADAPTADO AL PATRIMONIO?

SDG Compass es una metodología que guía a las organizaciones para alinear su estrategia hacia la sostenibilidad, medir y comunicar su contribución a los ODS.

SDG Compass ha sido una fuente de inspiración para diseñar este método que ofrece a responsables de la gestión y titulares de la propiedad de los recursos patrimoniales culturales, patrimonio verde urbano y las casas-patio las herramientas y los conocimientos necesarios para poner la sostenibilidad en el centro de su actividad.[2]

Se ha establecido un hilo conductor entre las tres versiones de la guía porque hay elementos patrimoniales que integran un bien cultural, un jardín y un patio, por ejemplo.

Esta guía es visual, con un lenguaje sencillo y asequible, para una comprensión e implantación fácil, rápida y amplia. Además, se ha incorporado un marco teórico y un eje práctico para que sirva como inspiración a responsables de la gestión del patrimonio.

En el caso de los hitos patrimoniales culturales, la guía está indicada para museos, monumentos, centros de interpretación, bibliotecas, archivos, yacimientos arqueológicos, conjuntos arqueológicos, patrimonio industrial y arquitectura contemporánea.

Igualmente, la guía está organizada en secciones que adaptan al hito patrimonial cada uno de los cinco pasos de SDG Compass:

01 Entendiendo los ODS
En este paso es prioritario que los recursos patrimoniales conozcan y entiendan los ODS. El patrimonio tiene unas características propias y estos principios deben adaptarse a su lenguaje.

02 Definiendo prioridades
Es importante medir el punto de partida en sostenibilidad del recurso patrimonial y establecer un diagnóstico identificando, con la participación de los grupos de interés, los asuntos relevantes en la gestión, así como las prioridades e impactos positivos, negativos, actuales y potenciales en los ODS.

03 Estableciendo objetivos
El establecimiento de objetivos es fundamental para el éxito de cualquier organización y fomenta la coordinación de prioridades a nivel interno.

Igualmente, la persona gestora de un elemento patrimonial puede demostrar su compromiso con el desarrollo sostenible global al alinear su plan de acción local con los ODS y las políticas de las distintas administraciones.

04 Integrando
Para el logro de estos objetivos, es clave planificar las medidas de sostenibilidad definidas dentro de la actividad y una gobernanza innovadora del elemento patrimonial. Es necesario diseñar procedimientos para integrar, hacer seguimiento y controlar el plan de acción. Igualmente, es imprescindible participar en alianzas con referentes patrimoniales, entidades proveedoras, administraciones, sector privado y sociedad civil, porque los temas de sostenibilidad no se pueden gestionar de forma aislada.

05 Informando y comunicando
Las entidades gestoras de los recursos patrimoniales deben informar a las partes interesadas sobre su contribución al desarrollo sostenible y su compromiso de progreso mediante la publicación del diagnóstico, el plan de acción, los indicadores y sus prioridades. De esta forma, ponen de relieve el protagonismo del patrimonio como motor de desarrollo.

---

[2] SDG Compass se ha adaptado al patrimonio en tres casos diferentes "Guía para la acción del recurso patrimonial cultural en los ODS", "Guía para la acción del patrimonio verde urbano en los ODS" y "Guía para la acción de la casa-patio en los ODS".

Entendiendo los ODS

En este primer paso, es prioritario interiorizar los ODS y entender las oportunidades y responsabilidades que suponen para la gestión del recurso patrimonial cultural.

En 2019, con motivo de los 10 años que faltaban para alcanzar los 17 ODS en 2030, el Secretario General de la ONU, António Guterres, "apeló a todos los sectores de la sociedad para que se movilizasen para esta Década de Acción en tres niveles: acciones a nivel mundial para garantizar un mayor liderazgo, más recursos y soluciones más inteligentes con respecto a los ODS; acciones a nivel local que incluyan las transiciones necesarias en las políticas, los presupuestos, las instituciones y los marcos reguladores de los gobiernos, las ciudades y las autoridades locales; y acciones por parte de las personas, incluidas la juventud, la sociedad civil, los medios de comunicación, el sector privado, los sindicatos, los círculos académicos y otras partes interesadas, para generar un movimiento imparable que impulse las transformaciones necesarias".[3]

A continuación, vamos a recordar qué son los ODS, cómo surgieron, cómo se construyen sobre las responsabilidades patrimoniales existentes y cómo los recursos patrimoniales culturales se pueden beneficiar de ellos.

CONCEPTOS

→   **¿Qué son los ODS?**
→   **Contribución del patrimonio a los ODS.**
→   **Misión, visión y responsabilidades mínimas de los recursos patrimoniales culturales.**

---

[3] Década de Acción: 10 años para transformar el mundo https://www.un.org/sustainabledevelopment/es/decade-of-action/

¿Qué son los ODS?

Los Objetivos de Desarrollo Sostenible (ODS), también conocidos como Objetivos Globales, fueron adoptados por Naciones Unidas en 2015 como un llamamiento universal para poner fin a la pobreza, proteger el planeta y garantizar que para el año 2030 todas las personas disfruten de paz y prosperidad necesarias.

El mundo está interconectado y, por esta razón, se considera que los ODS están integrados, lo que significa que la acción en un área afectará a los resultados de otras; factor muy importante que ha de tenerse en cuenta cuando el desarrollo sostenible busca encontrar el equilibrio entre el desarrollo social, el crecimiento económico y la protección del medioambiente.

Todos los ODS son igual de prioritarios y no podrán alcanzarse sin lograr cada uno de ellos.

Los objetivos son universalmente aplicables a países en desarrollo y desarrollados. Los países se han comprometido a priorizar el progreso de los más rezagados.

Además, los ODS son el resultado del proceso de consultas más amplio y participativo de la historia de Naciones Unida y representa el consenso multilateral entre gobiernos y actores diversos, como la sociedad civil, el sector privado y la academia.

La creatividad, el conocimiento, la tecnología y los recursos financieros de todo el mundo son necesarios para alcanzar los ODS en todos los contextos.

Los 17 ODS se desarrollan en 169 metas y a su vez se miden por 244 indicadores. Para más información visite la web.

Resolución aprobada por la Asamblea General el 25 de septiembre de 2015

https://unctad.org/system/files/official-document/ares70d1_es.pdf

Marco de indicadores mundiales para los ODS y metas de la Agenda 2030 para el desarrollo sostenible

En este enlace puede acceder a los 244 indicadores propuestos por Naciones Unidas tras su revisión en el 2020: https://unstats.un.org/sdgs/indicators/Global%20Indicator%20Framework%20after%202020%20review_Spa.pdf

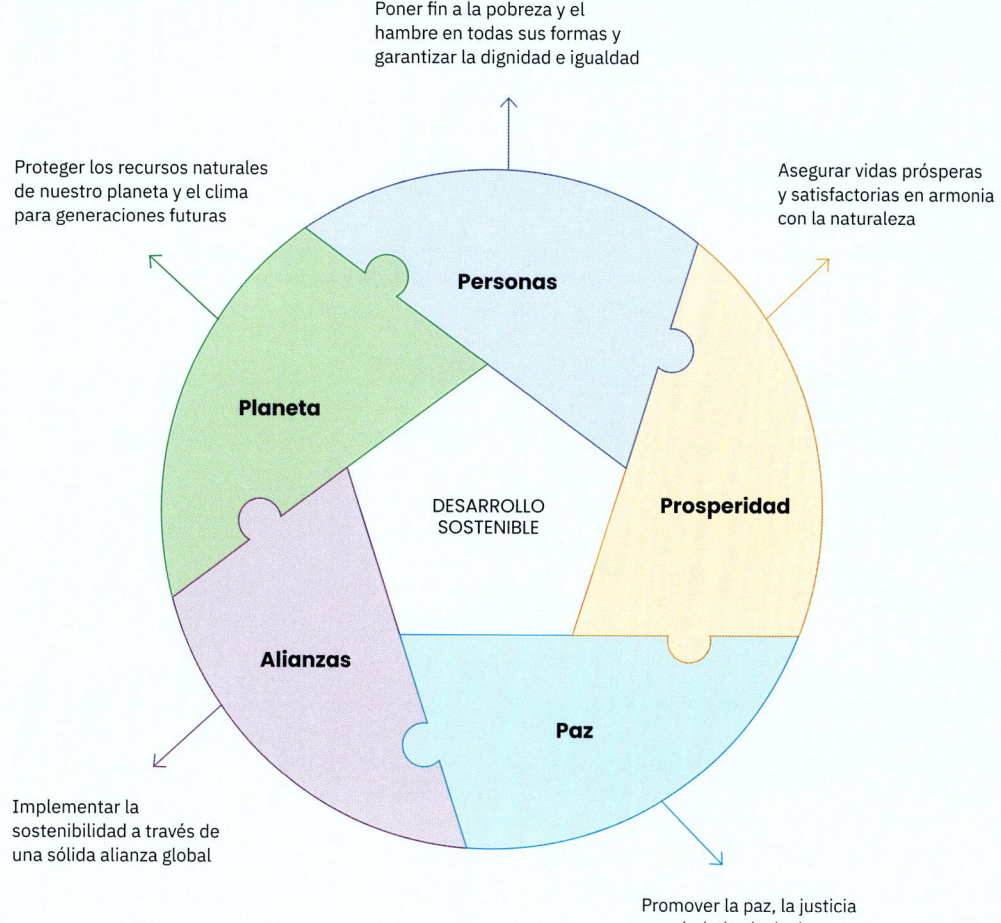

Poner fin a la pobreza y el hambre en todas sus formas y garantizar la dignidad e igualdad

Proteger los recursos naturales de nuestro planeta y el clima para generaciones futuras

Asegurar vidas prósperas y satisfactorias en armonia con la naturaleza

Personas

Planeta

DESARROLLO SOSTENIBLE

Prosperidad

Alianzas

Paz

Implementar la sostenibilidad a través de una sólida alianza global

Promover la paz, la justicia y sociedades inclusivas

Los 17 ODS se pueden clasificar en **5 dimensiones**, conocidas como las 5 Ps: Personas (People), Planeta (Planet), Prosperidad (Prosperity), Paz (Peace) y Alianzas (Partnership).

Personas

ODS 1. Poner fin a la pobreza en todas sus formas en todo el mundo.

ODS 2. Poner fin al hambre, lograr la seguridad alimentaria y la mejora de la nutrición y promover la agricultura sostenible.

ODS 3. Garantizar una vida sana y promover el bienestar para todos en todas las edades.

ODS 4. Garantizar una educación inclusiva, equitativa y de calidad y promover oportunidades de aprendizaje durante toda la vida para todos.

ODS 5. Lograr la igualdad entre los géneros y empoderar a todas las mujeres y niñas.

Planeta

ODS 6. Garantizar la disponibilidad de agua y su gestión sostenible y el saneamiento para todos.

ODS 12. Garantizar modalidades de consumo y producción sostenibles.

ODS 13. Adoptar medidas urgentes para combatir el cambio climático y sus efectos.

ODS 14. Conservar y utilizar en formas sostenibles los océanos, los mares y los recursos marinos para el desarrollo sostenible.

ODS 15. Proteger, restablecer y promover el uso sostenible de los ecosistemas terrestres, efectuar una ordenación sostenible de los bosques, luchar contra la desertificación, detener y revertir la degradación de las tierras y poner freno a la pérdida de diversidad biológica.

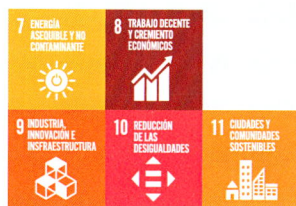

Prosperidad

ODS 7. Garantizar el acceso a una energía asequible, segura, sostenible y moderna para todos.

ODS 8. Promover el crecimiento económico sostenido, inclusivo y sostenible, el empleo pleno y productivo y el trabajo decente para todos.

ODS 9. Construir infraestructuras resilientes, promover la industrialización inclusiva y sostenible y fomentar la innovación.

ODS 10. Reducir la desigualdad en y entre los países.

ODS 11. Conseguir que las ciudades y los asentamientos humanos sean inclusivos, seguros, resilientes y sostenibles.

Paz

ODS 16. Promover sociedades pacíficas e inclusivas para el desarrollo sostenible, facilitar el acceso a la justicia para todos y crear instituciones eficaces, responsables e inclusivas a todos los niveles.

Alianzas

ODS 17. Fortalecer los medios de ejecución y revitalizar la alianza mundial para el desarrollo sostenible.

Contribución del patrimonio a los ODS

En la introducción de esta guía reflexionamos sobre cómo los recursos patrimoniales pueden beneficiarse al utilizar los ODS para planificar, dirigir y comunicar sus estrategias, metas y actividades. Por esta razón, en este apartado queremos destacar el papel del patrimonio como un factor fundamental y transversal para el cumplimiento de los ODS.

La Agenda 2030 se refiere por primera vez a la cultura en el marco de los 17 ODS adoptados en septiembre de 2015 por Naciones Unidas.

La salvaguardia y la promoción de la cultura son dos fines de la agenda para el desarrollo sostenible y, al mismo tiempo, medios que contribuyen a la consecución de muchos ODS.

Los ODS trascienden el propósito exclusivo del crecimiento económico para idear un futuro mejor basado en la prosperidad, equidad, inclusión, paz y protección del medioambiente. Esta visión audaz sobre las capacidades del patrimonio requiere respuestas creativas que sustituyan los enfoques lineales y sectoriales habituales.

El programa internacional de desarrollo refleja una visión más amplia de la cultura, que incluye su papel en el desarrollo sostenible a través del patrimonio cultural y natural, las industrias culturales y creativas, la cultura y los productos locales, la creatividad y la innovación, las comunidades autóctonas, los materiales tradicionales y la diversidad cultural.

Además, la experiencia y la investigación han demostrado la importancia de los conocimientos y de la participación de las comunidades para lograr el desarrollo sostenible.

De esta manera, el patrimonio puede considerarse como un motor que contribuye directamente a la obtención de beneficios sociales, económicos y medioambientales, y también como un instrumento que mejora la eficacia de los programas de desarrollo, tal y como vamos a describir con ejemplos a continuación:[4]

— El patrimonio puede contribuir a **erradicar la pobreza** extrema mediante la rehabilitación de edificios urbanos históricos, con pleno respeto a los valores patrimoniales y proporcionando acceso a infraestructuras y servicios básicos, como energía, agua potable y sistemas de saneamiento.

— El patrimonio inmaterial, incluyendo los conocimientos y habilidades locales, puede ayudar a **reducir la exposición y la vulnerabilidad a fenómenos extremos relacionados con el clima** y otros problemas y desastres ambientales.

---

[4] Heritage and the sustainable development goals: policy guidance for heritage and development actors. ICOMOS, marzo 2021. https://openarchive.icomos.org/id/eprint/2453/13/ICOMOS_SDGPG_2022%20-%20FINAL3.pdf

— El patrimonio, en particular los paisajes agrícolas y culturales, puede **proporcionar servicios y beneficios a los ecosistemas, así como seguridad alimentaria y de sustento** para millones de personas.

— El patrimonio es fundamental para **garantizar vidas saludables y el bienestar para todo el mundo**, en todas las edades, incluso en paisajes culturales, espacios públicos y áreas urbanas históricas.

— Es importante que un recurso patrimonial se gestione de forma sostenible para asegurar su conservación y que las generaciones presentes y futuras no dejen de **desarrollar sus capacidades ligadas al bienestar y a la calidad de vida.**

— El patrimonio, material e inmaterial, proporciona **oportunidades de aprendizaje** enriquecidas a través de objetos, lugares y experiencias que involucran el intelecto, las emociones y sentidos, proporcionando oportunidades vívidas y vivenciales para descubrir el pasado, entender el mundo que nos rodea y fortalecer un sentido de identidad.

— El patrimonio proporciona ejemplos claros de cómo la **mujer** contribuye al desarrollo local y global como **profesional** del sector y como **transmisora de las prácticas, saberes y otras expresiones culturales** a las generaciones futuras.

— El uso viable y continuado del agua, basado en métodos tradicionales, ofrece **valiosas lecciones a sus responsables** –profesionales de la ingeniería ambiental, de la arquitectura, paisajistas y responsables de la planificación del urbanismo–, demostrando cómo los sistemas de agua funcionaron en el pasado y brindan oportunidades de adopción o adaptación de iniciativas para apoyar o diseñar prácticas sostenibles para el futuro.

— El mantenimiento y la gestión adecuados y una cuidadosa adaptación de los edificios existentes conduce a una **mayor eficiencia energética**, mientras se reduce parcialmente la necesidad de nuevos edificios que consumen energía en todas las fases de construcción y requieren estrategias de gestión de residuos.

— También puede **reducir el consumo de energía** la adopción de métodos, materiales y técnicas de construcción sostenibles tradicionales diseñadas en su momento para combatir el clima y compatibles con el estilo de vida local, y que además utilizaban materiales renovables y de origen local. Cuando los enfoques tradicionales no son sostenibles, se deben considerar las soluciones energéticas alternativas y respetuosas con el medioambiente.

— El capital social, cultural y natural de los lugares patrimoniales juega un papel importante en la atracción de industrias creativas, empresas, habitantes y visitantes, fomentando el crecimiento económico y la prosperidad. Estas actividades económicas deben ser una oportunidad para **crear empleo decente, fomentar el desarrollo económico inclusivo y local, y evitar la gentrificación.**

— Las prácticas y los sitios patrimoniales pueden ofrecer plataformas de intercambio para compartir identidades y experiencias, que ayudan a **paliar las desigualdades sociales y favorecen la cohesión social y la dignidad de las comunidades.**

— Los sitios y prácticas patrimoniales encarnan muchos **patrones de consumo y producción sostenibles**, basados en una comprensión del uso razonable y reutilización de los recursos naturales y en la confianza en los materiales locales.

— En la búsqueda de sociedades más justas, inclusivas y pacíficas, el patrimonio puede ofrecer **oportunidades de acercamiento cultural entre las personas, fomentando el entendimiento mutuo, la tolerancia y la paz.**

— Además, los vínculos identitarios que generan los bienes culturales contribuyen a la **participación de la ciudadanía** en los procesos de toma de decisiones sobre su entorno local y territorial.

— Los procesos de conservación y gestión del patrimonio cultural y natural **aseguran alianzas**, es decir, **colaboraciones interdisciplinares, intergeneracionales e intersectoriales** entre las administraciones, mundo académico, organizaciones públicas y privadas, personal experto y sociedad civil.

— La **sostenibilidad es un estilo de vida**, es un compromiso del individuo en su escala personal y profesional con las futuras generaciones. **Viviendo y sintiendo el patrimonio se trabajan valores** como la responsabilidad, respeto, empatía, solidaridad, esfuerzo, creatividad, austeridad, tolerancia, diálogo, diversidad, compromiso, fraternidad, sentido común; actitudes necesarias para modificar nuestros hábitos y comportamientos a favor de las personas y la naturaleza.[5]

Transformar nuestro mundo: la Agenda 2030 para el desarrollo sostenible

Artículo 36 acordado por los 193 Estados Miembros de Naciones Unidas:

"Nos comprometemos a fomentar el entendimiento entre distintas culturas, la tolerancia, el respeto mutuo y los valores éticos de la ciudadanía mundial y la responsabilidad compartida. Reconocemos la diversidad natural y cultural del mundo, y también que todas las culturas y civilizaciones pueden contribuir al desarrollo sostenible y desempeñan un papel crucial en su facilitación".

[5] Resolución aprobada por la Asamblea General el 25 de septiembre de 2015, https://unctad.org/system/files/official-document/ares70d1_es.pdf

Misión, visión y responsabilidades mínimas de los recursos patrimoniales culturales

Esta guía se basa en una gestión sostenible de los recursos patrimoniales, con la responsabilidad de cumplir con la legislación vigente, respetar los estándares mínimos aprobados internacionalmente y los derechos universales; siempre en consonancia con su misión y visión.

El Pacto Mundial de Naciones Unidas es la iniciativa que lidera la sostenibilidad de las organizaciones en el mundo. Es un llamamiento para que alineen su gestión con Diez Principios universales sobre derechos humanos, normas laborales, medioambiente y lucha contra la corrupción.[6]

El respeto por los derechos humanos, que incluye el derecho a la cultura en el artículo 27 de la Declaración Universal de los Derechos Humanos, es una responsabilidad mínima para todas las instituciones y su incumplimiento no puede ser compensado por ningún esfuerzo para promover los derechos universales o para avanzar en el desarrollo sostenible.

La falta de cumplimiento no solo puede perjudicar la imagen del propio hito patrimonial, sino también comprometer su viabilidad.

Por otro lado, es fundamental que la misión y visión del recurso patrimonial incluyan los valores y principios de los ODS, para que se interioricen por parte de la institución y se apliquen durante la toma de decisiones.

En este primer paso es, además, muy importante la creación de un equipo de sostenibilidad con una persona responsable de la coordinación y la jefatura de los departamentos clave en la gestión, protección, conservación y difusión del recurso patrimonial, o en su caso, la designación de una persona responsable.

Normativa, legislación y directrices mínimas en el patrimonio cultural

En las últimas décadas, el diálogo permanente entre instituciones, administraciones, personal experto del mundo patrimonial y la sociedad civil han dado forma a los marcos legislativos para una gestión responsable y ética, con el fin de que las generaciones actuales y futuras conozcan cómo se ha configurado su identidad cultural.

Además de las regulaciones internacionales y nacionales, existen ordenanzas e instrumentos de planeamiento municipales que concretan la normativa para los recursos patrimoniales de la localidad.

Por otro lado, un alto porcentaje de leyes de aplicación al recurso patrimonial está vinculado con los ODS. Estas normas ayudan a identificar la alineación y contribución a la Agenda 2030. Es aconsejable e inspirador usar la regulación como filtro y ver dónde se posiciona el patrimonio en relación con los ODS.

---

[6] Los Diez Principios Universales del Pacto Mundial de Naciones Unidas: https://www.pactomundial.org/que-puedes-hacer-tu/diez-principios/

A su vez, la ruta de la sostenibilidad que ha de definirse por parte de tales responsables ha de estar alineada con la misión, visión y valores del elemento patrimonial.

Por último, es primordial conocer el marco jurídico del caso patrimonial porque condiciona la definición del plan de acción hacia la sostenibilidad, el cual favorece la reducción de los impactos negativos y maximiza los impactos positivos en las personas y el planeta.

En la práctica.
Normativa y legislación vigente

Como ejemplo de inspiración, en el siguiente anexo se recogen las principales regulaciones y recomendaciones de aplicación a un recurso patrimonial cultural en Córdoba.

Ámbitos de aplicación:

1. UNESCO
2. Consejo de Europa / Unión Europea
3. Estatal
4. Autonómico
5. Provincial / Municipal

RECURSOS

Normativa genérica para el patrimonio cultural en Córdoba
Descargue nuestro documento completo.

Definiendo prioridades

Para beneficiarse de las oportunidades y retos que ofrecen los ODS, defina dónde se encuentran las prioridades de su recurso patrimonial porque le ayudará a focalizar sus esfuerzos.

No todos los 17 ODS serán importantes en igual medida para su elemento patrimonial. Su grado de contribución a cada ODS, y los desafíos y oportunidades que representan de forma individual, dependerán de muchos factores.

Su primera tarea, como responsable de la gestión patrimonial, debe ser realizar un diagnóstico de alineación con la sostenibilidad, es decir, hacer una autoevaluación de los impactos actuales, potenciales, positivos y negativos de su patrimonio sobre los ODS. Esto le permitirá reducir o eliminar los impactos negativos y maximizar los impactos positivos en el planeta y las personas.

Este paso describe cómo puede definir las prioridades de su recurso patrimonial mediante tres acciones principales:

ACCIONES

→ **Identificar asuntos relevantes para detectar áreas de impacto.**
→ **Seleccionar indicadores y recopilar datos.**
→ **Definir prioridades.**

Identificar asuntos relevantes para detectar áreas de impacto

Un análisis de materialidad es una herramienta clave para lograr que nuestro recurso patrimonial sea sostenible y responsable en la toma de decisiones. Nos permite identificar los asuntos relevantes para nuestro equipo de sostenibilidad y nuestros grupos de interés. Debemos establecer prioridades e indicadores de rendimiento para medir y monitorear nuestro progreso en sostenibilidad.

Para la elaboración del análisis de materialidad en nuestro eje práctico, hemos considerado el criterio de partir de las 5 dimensiones (5 Ps) de la agenda del desarrollo sostenible (Personas • Planeta • Prosperidad • Paz • Alianzas) por las siguientes razones:

— Porque, como indicamos en el *Paso 01 Entendiendo los ODS*, las 5 Ps tienen ya asignadas sus correspondientes ODS y así establecemos de forma fácil los impactos directos y secundarios de cada asunto relevante.

— Para reforzar desde el primer momento que el desempeño de un actor local puede contribuir a la transformación global.

Además, hemos seguido seis fases consecutivas:

1. **Identificación de las partes interesadas**
   Descripción de los grupos de interés del elemento patrimonial cultural y recopilación de información sobre sus expectativas y preocupaciones.

2. **Identificación de los asuntos relevantes**
   Análisis por parte del equipo de sostenibilidad de los temas importantes en la cadena de actividades que se llevan a cabo en la gestión del recurso patrimonial cultural.

   Estos asuntos relevantes tienen, también, un alto impacto, positivo o negativo, en términos económicos, sociales y/o medioambientales. Igualmente, hemos de considerar los asuntos relevantes basados en las expectativas y preocupaciones de nuestros grupos de interés.

3. **Implicación de las partes interesadas**
Presentación de los asuntos relevantes a los grupos de interés para su correcta identificación y para valorar su prioridad.

4. **Validación**
Verificación del resultado de la matriz de materialidad por el equipo de sostenibilidad.
Debe tener en cuenta que los temas relevantes para sus grupos de interés pueden no ser los mismos a nivel interno. Por lo tanto, se debe encontrar un equilibrio para abordar tanto los asuntos importantes para sus grupos de interés como para el equipo de sostenibilidad.

5. **Selección de indicadores y recopilación de datos**
Con el propósito de establecer un diagnóstico, un punto de partida de alineación con los ODS.

6. **Definición de prioridades**
Aplicación de las conclusiones internas y externas por parte del equipo de sostenibilidad. Los asuntos relevantes identificados en el análisis de materialidad son los que deben ser incluidos en el plan de acción del recurso patrimonial.

Fases para un análisis
de materialidad

PASO 02
Definiendo prioridades

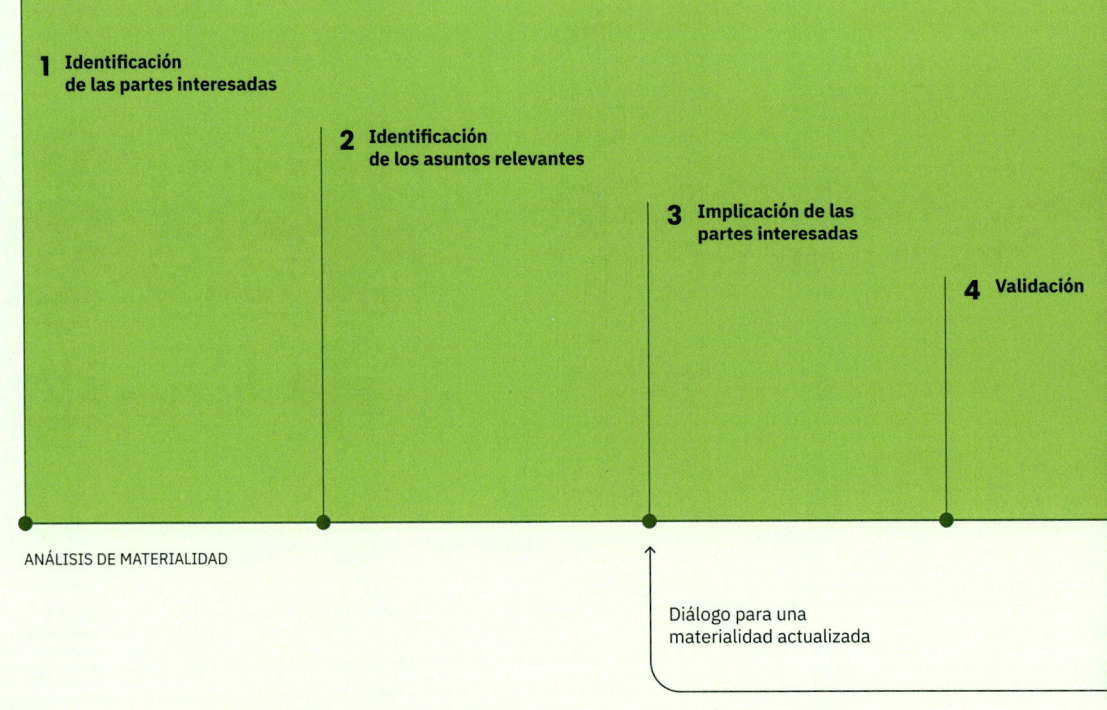

1 Identificación
de las partes interesadas

2 Identificación
de los asuntos relevantes

3 Implicación de las
partes interesadas

4 Validación

ANÁLISIS DE MATERIALIDAD

Diálogo para una
materialidad actualizada

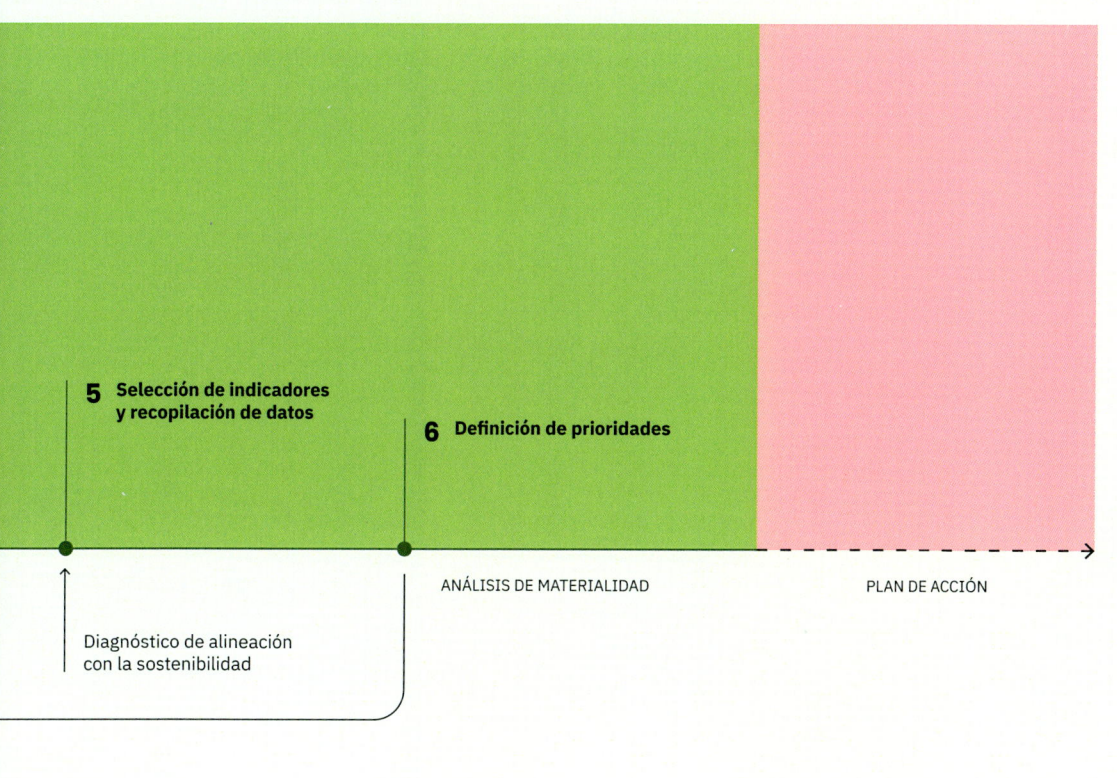

5 Selección de indicadores
y recopilación de datos

6 Definición de prioridades

ANÁLISIS DE MATERIALIDAD

PLAN DE ACCIÓN

Diagnóstico de alineación
con la sostenibilidad

En la práctica.
Identificación de asuntos relevantes

A continuación, compartimos como ejemplo de inspiración los 22 asuntos relevantes identificados, una vez se han seguido las seis fases anteriormente descritas y de acuerdo con expertos de la gestión patrimonial cultural y grupos de interés.

DIMENSIÓN	ASUNTO DE MATERIALIDAD	Nº
Personas	Difusión y sensibilización	1
	Formación	2
	Salud pública	3
Planeta	Biodiversidad	4
	Contratación de servicios	5
	Economía circular y gestión de residuos	6
	Gestión sostenible del recurso hídrico	7
	Gestión sostenible de equipamientos y mobiliario	8
	Sanidad vegetal	9
	Transición energética y cambio climático	10
Prosperidad	Accesibilidad e inclusión	11
	Conservación, protección y salvaguarda del patrimonio	12
	Empleo y condiciones laborales	13
	Gestión económica sostenible	14
	Gestión sostenible del turismo	15
	Igualdad de oportunidades	16
	Inversión y financiación	17
	Transformación digital	18
	Usuarios, usuarias y comunidad local	19
Paz	Gestión ética, buen gobierno y transparencia	20
	Participación ciudadana	21
Alianzas	Alianzas y colaboraciones público-privadas	22

RECURSOS

Identificación de los asuntos de materialidad
Descargue nuestro documento completo.

Descripción de los asuntos de materialidad
Descargue nuestro documento completo.

¿POR QUÉ EL ANÁLISIS DE MATERIALIDAD ES IMPORTANTE PARA EL RECURSO PATRIMONIAL CULTURAL?

1. El análisis de materialidad es una herramienta fundamental para comprender y abordar los asuntos relevantes para el equipo de sostenibilidad y los grupos de interés.

2. Permite asignar los recursos de forma eficiente al concentrar los esfuerzos en los asuntos más prioritarios.

3. Garantiza una estrategia sólida de la sostenibilidad, con una visión a largo plazo.

4. Fortalece la relación con los grupos de interés abriendo un diálogo continuo que tiene en cuenta sus expectativas, preocupaciones y prioridades, por lo que trabajamos con mayor transparencia y compromiso, mejorando nuestra imagen.

5. A menudo, agentes financiadores, administraciones públicas y certificaciones requieren que se realice un análisis de materialidad.

INVOLUCRAR A LAS PARTES INTERESADAS

El término partes interesadas o grupos de interés, en inglés "stakeholders", designa a todos los grupos de personas, internas y externas, que se ven directa o indirectamente afectadas por la actividad del elemento patrimonial. Tienen sus propias necesidades y expectativas y, por tanto, influyen en la toma de decisiones.

Los grupos de interés identificados para un recurso patrimonial cultural han sido:

— Visitantes,
— comunidad local,
— personas empleadas,
— empresas proveedoras,
— agentes financiadores,
— administraciones públicas,
— voluntariado,
— patronato u otro órgano de gobierno o representación.

Existen numerosas herramientas y metodologías de escucha y diálogo con cada grupo de interés. Las más habituales y operativas, sin tener un conocimiento experto, son las entrevistas individuales, reuniones de trabajo grupales, multidisciplinares, formularios difundidos por redes sociales o correo electrónico y encuestas presenciales.

▼
En la práctica.
Involucrar a las partes interesadas

El equipo de investigación que ha colaborado en la elaboración de esta guía ha contrastado su criterio sobre asuntos de materialidad con responsables en la gestión de hitos patrimoniales culturales.

Esta propuesta de temas relevantes no es obligatoria, es una inspiración para responsables en la gestión.

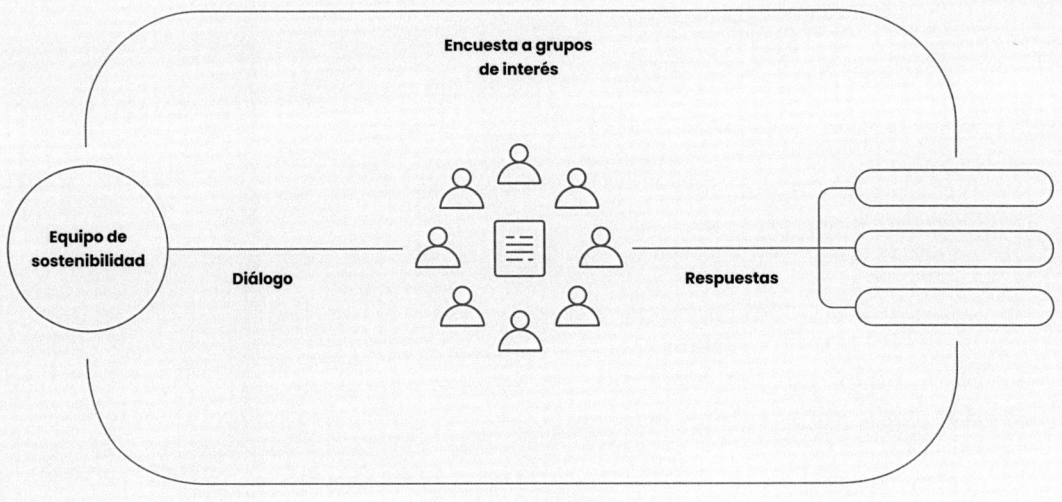

Encuesta a grupos de interés

Equipo de sostenibilidad

Diálogo

Respuestas

ANÁLISIS DE MATERIALIDAD

RECURSOS

Encuesta para los grupos de interés
Incluye un formulario de ejemplo para el responsable de la gestión con preguntas a realizar a las partes interesadas.

Seleccionar indicadores y recopilar datos

El mapeo de los asuntos relevantes de alto impacto en sostenibilidad ayudará al responsable de la gestión del recurso patrimonial a comprender dónde concentrar sus esfuerzos. Ahora es el momento de identificar uno o más indicadores para cada tema importante con el fin de establecer un punto de partida y monitorear su progreso en el tiempo.

Los indicadores son instrumentos para evaluar hasta qué punto o en qué medida se están logrando los objetivos establecidos.

— Representan una unidad de medida de la gestión patrimonial para evaluar el rendimiento de los asuntos relevantes.

— Recopilan información para analizar el rendimiento de cualquier área de la organización y verificar el cumplimiento de los objetivos en términos de resultados.

— Ayudan a prevenir y detectar desviaciones en el logro de los objetivos.

Los indicadores pueden ser medidos de manera cuantitativa (valores numéricos) o reflejar aspectos de los resultados en forma cualitativa (descripción del resultado).

Recomendamos que los indicadores sean concisos, claros, fácilmente medibles y recurrentes, de forma que nos permitan monitorear el progreso.

En este sentido, resulta fundamental asegurarse de que se va a disponer de manera periódica y sencilla de la información o los datos necesarios para la medición de cada indicador seleccionado.

No siempre es posible recoger datos porque no existe el protocolo o el sistema para la medición de un indicador concreto.

¿Qué es un indicador?

Un indicador es un dato o un conjunto de datos que nos ayudan a medir objetivamente la evolución de los asuntos relevantes identificados.

Definición de indicadores propios

Para una correcta evaluación de la alineación del recurso patrimonial con la sostenibilidad sugerimos seleccionar una combinación de diferentes tipos de indicadores que reflejen de manera equilibrada y adecuada los resultados y el impacto de los asuntos relevantes en cada una de las dimensiones del desarrollo sostenible.

Autoevaluación

La siguiente acción consiste en identificar y recopilar datos para cada uno de los indicadores de gestión seleccionados.

La batería de indicadores que proponemos en el eje práctico puede servir, también, como inspiración y aspiración para implementaciones futuras.

Es fundamental la fiabilidad de los datos, la identificación de los riesgos para evitar informar erróneamente y poner en marcha controles que garanticen la calidad e integridad de los resultados.

Con este análisis de datos hacemos una autoevaluación de la alineación del recurso patrimonial con la sostenibilidad y ofrecemos una radiografía del punto de partida.

Este trabajo no incorpora un rango de parámetros admisibles y para que el primer diagnóstico no sea ciego recomendamos comparar con resultados de otros hitos que sean referentes para nuestra gestión en el asunto que queremos analizar.

¿Cómo identificamos los impactos positivos, negativos, potenciales y actuales en los ODS?

Identificar si la contribución a los ODS es positiva o negativa permite elaborar un plan de acción efectivo. Hablamos de impacto negativo cuando el recurso patrimonial perjudica al ODS (no tener accesibilidad para personas con movilidad reducida impacta negativamente en el ODS 10 Reducción de las desigualdades, por lo tanto, la medida del plan de acción debe facilitar la accesibilidad). Con el impacto positivo hay alineación con el ODS (la casa-patio es en sí una estrategia natural para refrescar el ambiente, por lo que impacta de forma positiva en el ODS 7 Energía asequible y no contaminante).

▼
En la práctica.
Creación de indicadores
y recopilación de datos

Los 56 indicadores cuantitativos y 49 indicadores cualitativos propuestos para el elemento patrimonial cultural no son obligatorios, son una inspiración para la gestión patrimonial. Se puede elegir uno, varios o ninguno, en el caso de que finalmente se opte por crear unos indicadores propios.

A continuación, mostramos un ejemplo de asunto de materialidad e indicadores para medir su rendimiento.

PATRIMONIO CULTURAL | INDICADORES

Dimensión	Personas	
Asunto	Difusión y sensibilización	
Impacto ODS principal	ODS 4 Garantizar una educación inclusiva, equitativa y de calidad y promover oportunidades de aprendizaje durante toda la vida para todos	
Indicadores cualitativos	¿Su recurso tiene o participa en algún plan o estrategia de divulgación y educación en sostenibilidad basada en el patrimonio cultural? (En caso afirmativo, indique cuál o cuáles y una breve descripción [nombre, objetivos, temporalidad...])	¿Su recurso cuenta con algún reconocimiento, mención o premio? (En caso afirmativo, indique cuál o cuáles.)
	¿Se llevan a cabo acciones para innovar y actualizar los contenidos en el recurso patrimonial?	¿Dispone de redes sociales u otros canales similares de información y difusión?
Indicadores cuantitativos	N.º de actividades de divulgación y educación realizadas en el último año	N.º de canales de divulgación que posee el recurso patrimonial
	N.º de personas que han asistido a las actividades realizadas en el último año	N.º de publicaciones presentadas en el último año
	N.º de publicaciones mensuales en redes sociales y canales de divulgación	N.º de visitas anuales al recurso patrimonial.
	Tasa de participación en las actividades realizadas según las plazas ofertadas	

RECURSOS

Indicadores cualitativos y cuantitativos
Acceda a la tabla completa.

Descripción de los indicadores
Acceda al documento completo.

Definir prioridades

En este punto, el responsable de la gestión patrimonial debería tener una comprensión de sus impactos actuales y potenciales, negativos y positivos en el desarrollo sostenible. La siguiente acción consiste en definir sus prioridades a través de los ODS.

A continuación, facilitamos algunos criterios que pueden ayudar en este proceso:

— La magnitud, gravedad y probabilidad de impactos negativos actuales y potenciales, y la importancia de este tipo de impactos para las principales partes interesadas.

— La posibilidad de un nuevo marco normativo, la escasez de materiales o mano de obra especializada, la presión por parte de los grupos de interés, la presentación de una nueva ayuda o la justificación de una financiación.

— La oportunidad para que el recurso patrimonial saque ventaja de sus impactos positivos sobre los ODS.

— La evaluación de los impactos y determinación de las prioridades no son procesos matemáticos, requieren de juicios subjetivos por parte del equipo de sostenibilidad.

El proceso de materialidad es una ruta dinámica y continua que implica el diálogo constante con los grupos de interés, mostrando apertura y capacidad de escucha. Las consideraciones recogidas enriquecen la estrategia y fortalecen el posicionamiento del recurso patrimonial cultural.

Más allá, una materialidad actualizada garantiza una gestión sostenible porque los esfuerzos y recursos se distribuyen con coherencia para reducir los impactos negativos y aumentar los positivos en las personas y el planeta.

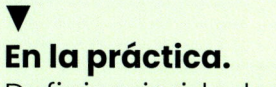

▼

En la práctica.
Definir prioridades

Seguidamente, mostramos las prioridades de los asuntos relevantes a nivel interno del recurso patrimonial y para los grupos de interés.

**PRIORIDAD DE LOS
ASUNTOS DE MATERIALIDAD**

ASUNTO DE MATERIALIDAD			
1	Difusión y sensibilización	12	Conservación, protección y salvaguarda del patrimonio
2	Formación	13	Empleo y condiciones laborales
3	Salud pública	14	Gestión económica sostenible
4	Biodiversidad	15	Gestión sostenible del turismo
5	Contratación de servicios	16	Igualdad de oportunidades
6	Economía circular y gestión de residuos	17	Inversión y financiación
7	Gestión sostenible del recurso hídrico	18	Transformación digital
8	Gestión sostenible de equipamientos y mobiliario	19	Usuarios, usuarias y comunidad local
9	Sanidad vegetal	20	Gestión ética, buen gobierno y transparencia
10	Transición energética y cambio climático	21	Participación ciudadana
11	Accesibilidad e inclusión	22	Alianzas y colaboraciones público-privadas

RECURSOS

Priorización de los asuntos de materialidad
La matriz de materialidad muestra la prioridad de los asuntos relevantes para el equipo responsable de la gestión del recurso patrimonial y para los grupos de interés.

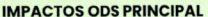

En la práctica.
Cómo impactamos
y estamos interconectados

Partiendo del análisis de materialidad, podemos establecer distintas lecturas que nos ayudarán a entender y comunicar la sostenibilidad de nuestro recurso patrimonial.

IMPACTOS ODS PRINCIPAL

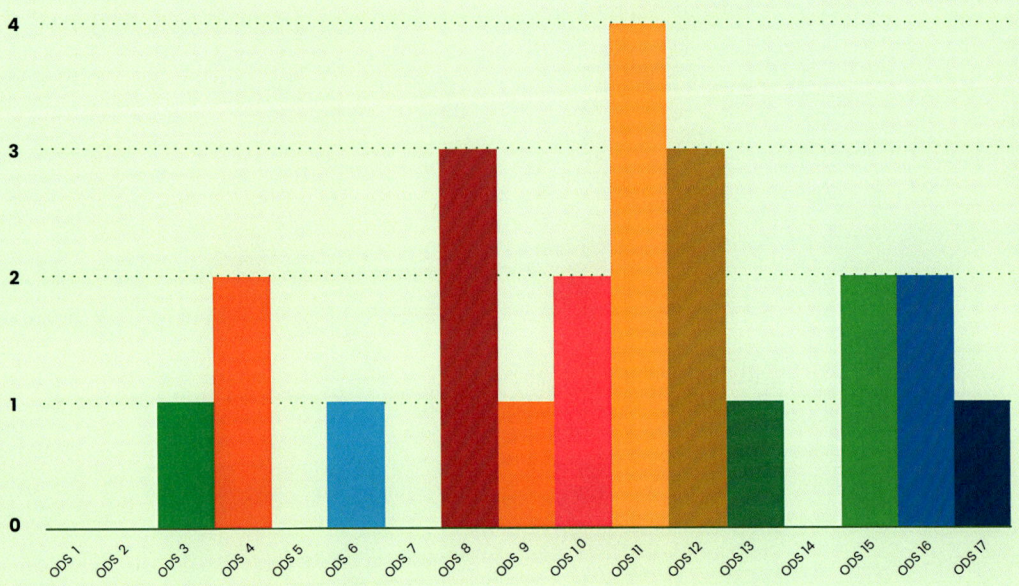

17 OBJETIVOS DE DESARROLLO SOSTENIBLE (ODS)

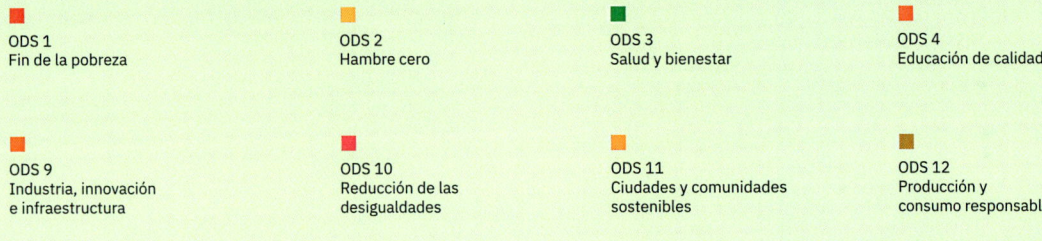

■ ODS 1
Fin de la pobreza

■ ODS 2
Hambre cero

■ ODS 3
Salud y bienestar

■ ODS 4
Educación de calidad

■ ODS 9
Industria, innovación
e infraestructura

■ ODS 10
Reducción de las
desigualdades

■ ODS 11
Ciudades y comunidades
sostenibles

■ ODS 12
Producción y
consumo responsable

RECURSOS

Impacto ODS principal
Conozca cómo impactan los asuntos
de materialidad de forma directa en
los ODS.

Impacto ODS secundario
Conozca cómo impactan los asuntos
de materialidad de forma indirecta en
los ODS.

IMPACTOS ODS SECUNDARIO

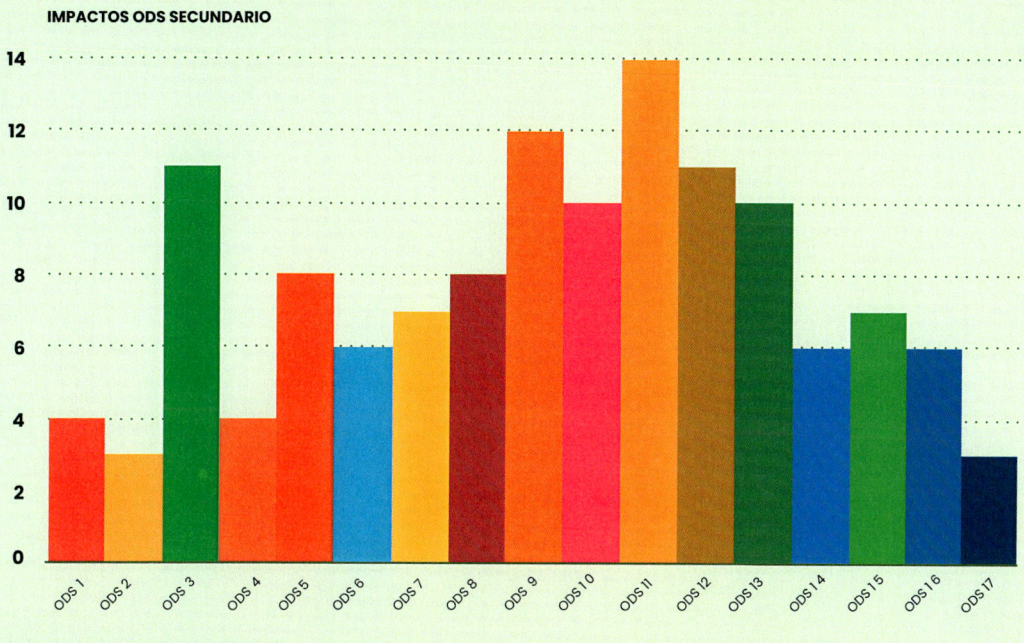

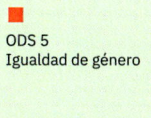
ODS 5
Igualdad de género

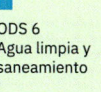
ODS 6
Agua limpia y
saneamiento

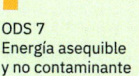
ODS 7
Energía asequible
y no contaminante

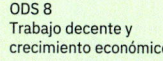
ODS 8
Trabajo decente y
crecimiento económico

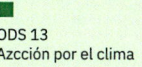
ODS 13
Azcción por el clima

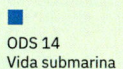
ODS 14
Vida submarina

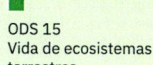
ODS 15
Vida de ecosistemas
terrestres

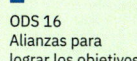
ODS 16
Alianzas para
lograr los objetivos

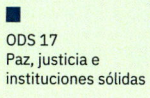
ODS 17
Paz, justicia e
instituciones sólidas

**Coherencia interna entre los asuntos
de materialidad**
Al igual que el mundo está interconectado,
es interesante comprobar nuestra coherencia
interna a través de una tabla de doble entrada:
cómo nuestros asuntos relevantes se relacionan
entre sí.

**Coherencia interna entre los asuntos
de materialidad y los ODS**
Con esta tabla de doble entrada
comprobamos de forma visual y rápida el
impacto de nuestros asuntos relevantes
en cada ODS.

Estableciendo objetivos

El establecimiento de objetivos se basa directamente en los impactos detectados en la autoevaluación y en la priorización de asuntos relevantes de la matriz de materialidad.

Establecer un plan de acción con objetivos específicos, medibles y con límites de tiempo, ayuda al equipo de sostenibilidad a fomentar prioridades compartidas e impulsar la ruta de la sostenibilidad en todo el recurso patrimonial.

Al alinearse con los ODS, los recursos patrimoniales pueden comunicar su compromiso con el desarrollo sostenible a sus grupos de interés con mayor efectividad.

Este paso de establecimiento de objetivos consta de tres acciones:

ACCIONES

→ **Adoptar el enfoque "de fuera hacia dentro".**
→ **Diseñar un plan de acción.**
→ **Anunciar el compromiso con los ODS.**

Adoptar el enfoque "de fuera hacia dentro"

Los ODS son el resultado de un consenso internacional sin precedentes sobre el nivel de progreso que se desea lograr a escala mundial.

Al dirigir el recurso patrimonial su estrategia hacia los ODS desde el primer momento, este demuestra que con un buen desempeño contribuye a alcanzar ese equilibrio entre el desarrollo social, el crecimiento económico y la protección del medioambiente, tanto en el ámbito local como en el global.

Tradicionalmente, las organizaciones fijan sus ambiciones haciendo un análisis de rendimiento actual e histórico, proyectan tendencias y escenarios, y hacen una comparación con la competencia. Pero, hoy en día, esta estrategia no es suficiente para abordar completamente los desafíos sociales y ambientales a los que nos enfrentamos en el planeta ya que el mundo está interconectado.

La coherencia de las políticas de desarrollo es un planteamiento para incluir las tres dimensiones del desarrollo sostenible en todos los niveles de elaboración de políticas nacionales e internacionales, con el fin de conseguir una cooperación al desarrollo más eficaz.

Así, es importante conocer, al menos, la agenda de desarrollo local y las políticas que afectan a las distintas escalas de gestión porque la hoja de ruta de sostenibilidad del recurso patrimonial debe servir no solo para solucionar los problemas, retos y oportunidades internos, sino que debe apoyar también los objetivos del municipio y el territorio en el que se encuentra en los ámbitos social, económico y medioambiental.

¿Cómo contribuye su plan de sostenibilidad
a las políticas de desarrollo?

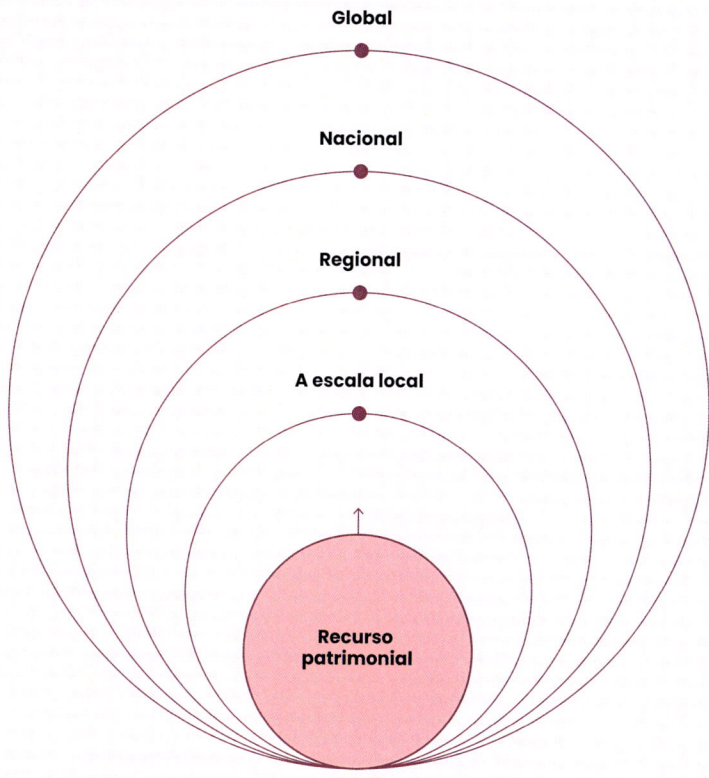

▼
En la práctica.
Coherencia con las políticas
de desarrollo

Este trabajo realizado por el equipo de investigación facilita, además, alinear la contribución del recurso patrimonial con las distintas agendas de sostenibilidad de las administraciones públicas, lo cual se puede poner de relieve bien en el momento de elaborar la solicitud de una ayuda o subvención, bien para su justificación.

RECURSOS

Coherencia interna con las políticas públicas
Haga clic en este enlace para conocer la relación de los asuntos relevantes prioritarios de nuestro ejemplo para un recurso patrimonial cultural con la Agenda 2030 de Naciones Unidas, la Agenda 2030 Española, la Agenda Urbana de Andalucía 2030, Participamos DipuCórdoba 2030 y la Agenda Córdoba.

Diseñar un plan de acción

Es el momento de diseñar la hoja de ruta de la sostenibilidad con objetivos medibles y realistas a partir de la matriz de materialidad definida y del punto base establecido en la autoevaluación.

El plan de acción que proponemos crear define el camino de forma detallada para conseguir las metas que nos fijemos en materia de sostenibilidad.

Sugerimos incluir los siguientes campos en esta ruta:

— **Asuntos relevantes:** tal y como indicamos en el *Paso 02 Definiendo prioridades*, los asuntos relevantes son los que deben contemplarse en el plan de acción.

— **Prioridad:** es la importancia resultante del asunto relevante en la matriz de materialidad (alta - media - baja).

— **Objetivo principal:** es una meta general o estratégica para cada asunto prioritario de nuestra matriz de materialidad.

— **Objetivos específicos:** son objetivos concretos y alcanzables, enfocados a lograr el objetivo principal.

— **Acciones:** propuestas para la consecución de los objetivos específicos y, en último término, del objetivo principal. El fin es minimizar el impacto negativo y maximizar el impacto positivo en los ODS.

— **Indicador de rendimiento:** es la medición del progreso en un objetivo específico o acción concreta.

El punto de partida ideal para la selección de indicadores de rendimiento (KPI en inglés, *Key Performance Indicator*) es la batería de indicadores utilizados para la autoevaluación de nuestro recurso patrimonial en el *Paso 02 Definiendo prioridades*.

— **Dificultad.** Evaluar la complicación para ejecutar la acción en un rango de alta - media - baja.

— **Recursos humanos y materiales** necesarios para implementar de forma exitosa la acción.

— **Tiempo de ejecución.** Estableceremos un plazo en el que se debe cumplir cada objetivo específico. Podríamos elegir entre varias opciones de formato, como indicar el momento de inicio y el momento final, especificar corto – medio – largo plazo, o utilizar periodos de éxito a 1, 3 y 5 años.

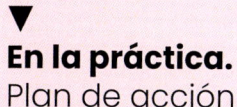

▼

En la práctica.
Plan de acción

Inspiración para los gestores de recursos patrimoniales culturales sobre el plan de acción propuesto para uno de los asuntos de nuestra matriz de materialidad.

PLAN DE ACCIÓN PATRIMONIO CULTURAL	
Dimensión	**Personas**
Asunto relevante	Difusión y sensibilización
Prioridad	Alta
Objetivo principal	Fomentar la educación y el conocimiento sobre el recurso patrimonial
Objetivos específicos	Favorecer la difusión y el conocimiento del recurso patrimonial para todos los grupos de edad (desde niños hasta la 3ª edad)
Acciones	Planificación de actividades dinámicas que den a conocer el recurso patrimonial (charlas, conferencias, juegos, etc.)
Indicador de rendimiento	N.º de actividades de divulgación y educación realizadas en el último año
	N.º de publicaciones mensuales en redes sociales y canales de divulgación
	Tasa de participación en las actividades realizadas según plazas ofertadas
Dificultad	
Recursos humanos	
Recursos materiales	
Tiempo de ejecución	Corto plazo

RECURSOS

Plan de acción
Acceda a nuestro plan de acción de ejemplo que presenta los asuntos relevantes, la prioridad, objetivo principal y específico, acciones, indicadores de rendimiento, dificultad, recursos humanos y materiales y tiempo de ejecución.

▼ En la práctica.
Coherencia interna con nuestra misión, visión y valores

Partiendo de nuestro plan de acción, podemos analizar los impactos principal y secundarios de los ODS en las dimensiones del desarrollo sostenible (5 Ps) para demostrar la alineación de la hoja de ruta de la sostenibilidad con la base ética y de buen gobierno de nuestro recurso patrimonial.

IMPACTO DEL PLAN DE ACCIÓN EN LAS DIMENSIONES DEL DESARROLLO SOSTENIBLE

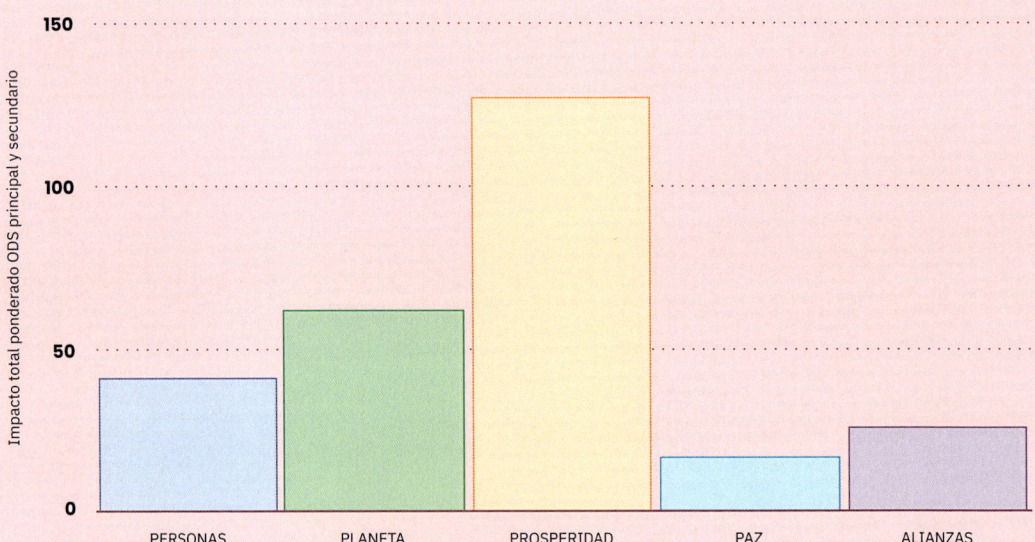

Impacto total ponderado ODS principal y secundario

150

100

50

0

PERSONAS   PLANETA   PROSPERIDAD   PAZ   ALIANZAS

RECURSOS

Coherencia interna con nuestra misión, visión y valores
Acceda al paso a paso que explica cómo diseñar el gráfico anterior.

Anunciar el compromiso con los ODS

Una vez que hemos consultado a los grupos de interés internos y externos de nuestro recurso patrimonial para definir la matriz de asuntos relevantes, consideramos fundamental continuar con esa estrategia de diálogo compartiendo ahora nuestro compromiso con el desarrollo sostenible.

Cierto es que el hacer públicos estos objetivos conlleva, además de beneficios, riesgos en el caso de que no se alcancen las metas en el tiempo establecido. Para gestionar este posible obstáculo, sugerimos comunicar de forma regular y transparente las actividades realizadas, los progresos alcanzados y los retos que se presentan.

La persona responsable de la gestión del patrimonio puede utilizar para este propósito los canales de comunicación habituales del recurso, como una presentación en convocatoria de prensa, redes sociales, página web, correo electrónico segmentado por grupo de interés, publicación en plataformas especializadas o tener disponible el compromiso con los ODS en el propio sitio para consulta del visitante.

PASO 04

Integrando

Una vez que hemos establecido un plan de acción con objetivos para cada una de las prioridades de nuestro recurso patrimonial, es fundamental integrar esta hoja de ruta de la sostenibilidad con la posibilidad de incentivar al personal empleado para alcanzar los objetivos.

Integrar la sostenibilidad en un recurso patrimonial puede parecer un gran desafío pero tiene recompensas, como mejorar la eficiencia y la imagen, y contribuir al bienestar global.

Para lograr los objetivos propuestos y facilitar el cambio en la gestión, es importante establecer alianzas con otras organizaciones porque la sostenibilidad no se puede alcanzar de forma aislada.

En este paso identificamos cómo integrar los ODS en el recurso patrimonial a través de las siguientes acciones:

ACCIONES

→ **Anclar los objetivos de sostenibilidad en el recurso patrimonial.**
→ **Integrar la sostenibilidad en todas las funciones.**
→ **Participar en alianzas.**

Anclar los objetivos de sostenibilidad en el recurso patrimonial

Es clave un liderazgo activo de la dirección y del equipo técnico de una entidad para lograr el éxito de cualquier tipo de cambio organizacional significativo. Porque no solo hemos de afrontar la integración de los objetivos de sostenibilidad en el recurso patrimonial; puede, además, que la importancia de la sostenibilidad no haya sido comprendida por todas las partes.

Proponemos a la gestión patrimonial que valore los siguientes principios para asegurarse de que los objetivos de sostenibilidad estén sólidamente anclados en su institución:

— **Dar a conocer los ODS y sensibilizar** a la entidad respecto a los valores de la sostenibilidad.

— **Fomentar el diálogo y la transparencia** a nivel interno con todas las partes involucradas. Compartir el caso patrimonial para que las personas entiendan e interioricen cómo avanzar hacia los objetivos de sostenibilidad.

— La **sostenibilidad** debe ser una **parte integral de todo el sistema de objetivos estratégicos, operativos y financieros**. Todas las áreas deben contar con objetivos de sostenibilidad propios.

— Integrar **objetivos de sostenibilidad en las revisiones de rendimiento y en los sistemas de remuneración** de todo el equipo del recurso patrimonial.

— **El compromiso con la sostenibilidad** también se debe ver reflejado en la misión, visión y valores del elemento patrimonial; así, vinculamos de forma transversal el éxito futuro del recurso patrimonial con el desarrollo sostenible.

Iniciativas de otros recursos patrimoniales culturales

En el apartado Bibliografía hemos incluido ejemplos de liderazgo de hitos patrimoniales que ya han integrado la sostenibilidad en su gestión y que nos han servido de inspiración para construir esta guía.

Integrar la sostenibilidad en todas las funciones

Además del equipo de sostenibilidad, es clave el entendimiento y el sentido de pertenencia de toda la estructura interna porque interviene en la esencia del recurso patrimonial cultural: procesos de gestión, conservación de elementos singulares, mantenimiento de las infraestructuras, planificación y programaciones.

Es necesario designar una persona o equipo responsable que acometa satisfactoriamente cada actividad de la hoja de ruta de la sostenibilidad.

Hay que tener en cuenta que dependiendo de los objetivos de sostenibilidad establecidos, algunas funciones serán más importantes que otras.

Además, según la tipología, titularidad y modelo de gestión del elemento patrimonial cultural, algunos objetivos tendrán una dificultad añadida para su correcta ejecución en tiempo y forma. Por ejemplo, la persona responsable de la gestión puede que cuente solo con una autonomía limitada o incluso no tener competencias en la contratación de recursos humanos o proveedores.

Esta singularidad del patrimonio supone uno de los grandes retos para la gestión patrimonial que hace frente a la tarea de incorporar la esencia de los ODS de forma transversal en su recurso.

En todos los casos, la responsabilidad individual para el avance en las metas y objetivos es fundamental para alcanzar el éxito.

En la práctica, en muchas situaciones, deberá llegar a un consenso con los grupos de interés fuera del propio ámbito del recurso patrimonial cultural.

Igualmente, es el momento de nombrar la persona responsable de alcanzar cada objetivo específico del plan de acción quien debe medir e informar regularmente del proceso.

Es fundamental, entonces, diseñar protocolos de integración con cuadro de mando, cronograma y procedimientos de seguimiento y control.

▼

En la práctica.
Protocolos de integración

Proponemos como inspiración para la gestión patrimonial dos procedimientos para la integración de la hoja de ruta de la sostenibilidad en el hito patrimonial cultural.

Hoja de ruta de la
sostenibilidad

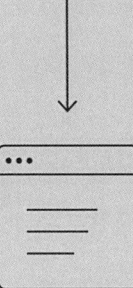

Ficha de
seguimiento

RECURSOS

Hoja de ruta de la sostenibilidad
Acceda al plan de acción que incluye, además, la persona responsable por acción.

Plantilla de seguimiento y control
Acceda a una plantilla de seguimiento y control de ejemplo para cada actividad del asunto relevante de la matriz de materialidad, clasificado por el mismo plazo o tiempo de ejecución estimado (corto - medio - largo).

Participar en alianzas

Para abordar eficazmente los asuntos de sostenibilidad es fundamental llevar a cabo alianzas con distintos actores que sitúen su estrategia y actuaciones en las personas y el planeta, porque así compartiremos principios y valores.

Este criterio del valor de la colaboración es, justamente, la base del ODS 17 Alianzas para lograr los objetivos.

En general, a la hora de gestionar un elemento patrimonial cultural se puede valorar:

— Su asociación con universidades, empresas y referentes patrimoniales que compartan conocimientos, experiencia, recursos y tecnología para aportar nuevas soluciones a los desafíos a los que nos enfrentamos.

— Las iniciativas del sector patrimonial, cultural y turístico que son apoyadas por las instituciones en un esfuerzo por elevar los estándares y las prácticas hacia la sostenibilidad.

— Los planes y agendas de desarrollo sostenible local y regional liderados por la administración pública para una acción multi-actor o conjunta en el territorio (gobierno, sector público y privado, y las organizaciones de la sociedad civil).

— La comunidad local, a través de las asociaciones vecinales o de la participación ciudadana, con proyectos que promuevan el progreso, la cohesión social y la dinamización de la vida colectiva del barrio.

Los ODS pueden ayudar a reunir a instituciones socias con los mismos objetivos y prioridades.

Para que una alianza sea exitosa se requiere el compromiso por parte de la totalidad de los integrantes.

Es importante establecer objetivos compartidos entre instituciones socias, aprovechar sus respectivas competencias básicas, despolitizar los proyectos, configurar estructuras de coordinación y trabajo claras, crear un marco de seguimiento, concentrarse en los resultados, detectar necesidades y buscar los recursos, y diseñar un proceso de gestión del conocimiento.

Informando y comunicando

En este último paso vamos a divulgar la sostenibilidad corporativa, porque es importante informar y comunicar periódicamente acerca de nuestro progreso con respecto a los ODS para responder a las expectativas de las partes interesadas.

"Lo que no se comunica no existe". La comunicación del avance a favor de los ODS es una muestra de transparencia y responsabilidad que mejora la imagen pública del recurso patrimonial y, por tanto, su reputación. Las preferencias de las personas usuarias se basan, cada vez más, en criterios de sostenibilidad. Informar, por parte del recurso, sobre su contribución a la sostenibilidad se puede convertir, por tanto, en una ventaja. Además, comunicar la contribución a los ODS es una fuente de motivación para el personal de la entidad, especialmente para quienes se identifican con valores medioambientales y sociales, dándoles un propósito compartido y un sentido de pertenencia.

No solo es importante comunicar sino también establecer cómo se va a llevar a cabo esa comunicación. Un buen informe debe incluir un diagnóstico de cómo el recurso patrimonial está alineado en el presente con la sostenibilidad y una planificación de actuaciones que muestren su compromiso en el futuro con las personas y el planeta.

Este paso describe las valoraciones que se deben tener en cuenta en materia de informe y comunicaciones:

ACCIONES

→ **Comunicar el rendimiento frente a los ODS.**
→ **Estructura de una memoria de sostenibilidad y progreso.**

Comunicar el compromiso frente a los ODS

Los ODS proporcionan un lenguaje común para que los elementos patrimoniales comuniquen su contribución al desarrollo sostenible.

Muchas entidades ya informan y comunican sobre temas incluidos en los ODS, como, por ejemplo, el cambio climático, la gestión sostenible del agua o el empleo y el trabajo decente.

Al alinear los informes y comunicados con los ODS, las partes interesadas pueden valorar el rendimiento del recurso patrimonial en el contexto de las metas establecidas por los ODS y asegurar, así, un diálogo común gracias al lenguaje de los ODS.

Por cada ODS identificado como relevante, los recursos patrimoniales pueden compartir información de interés, como:

— Por qué el ODS ha sido identificado como relevante, cómo fue seleccionado durante el proceso de priorización de asuntos y de qué manera han participado las partes interesadas.

— Los impactos significativos en los ODS, tanto positivos como negativos.

— Los objetivos marcados para el ODS correspondiente y el progreso alcanzado en su consecución.

— La estrategia para la integración de la hoja de ruta de la sostenibilidad y los ODS en el recurso patrimonial.

— Los indicadores de rendimiento que el recurso patrimonial haya definido en el proceso de evaluación de impactos y el establecimiento de objetivos.

Los ODS integran los aspectos sociales, económicos y medioambientales a los que nos enfrentamos en el mundo, y buscan conseguir el equilibrio del desarrollo sostenible.

Como el planeta está interconectado, los recursos patrimoniales se beneficiarán, también, al explicar los vínculos entre los asuntos relevantes en su gestión.

Por ejemplo, algunos temas importantes como la salud, el consumo y la producción sostenible o la igualdad de género están presentes en varios ODS. Para el recurso patrimonial puede ser útil dar a conocer cómo el avance en un área ha contribuido al progreso en las demás.

Estructura de una memoria de sostenibilidad y progreso

Esta guía propone un informe independiente, específico para los recursos patrimoniales, pero utiliza los estándares internacionalmente reconocidos para los procesos de elaboración de informes de sostenibilidad.

Para nuestra propuesta de estructura de memoria de sostenibilidad y progreso contemplamos los Diez Principios que el estándar *Global Reporting Initiative*, más conocido como GRI, ha definido para la elaboración de informes de sostenibilidad: participación de los grupos de interés, contexto de sostenibilidad y ODS, materialidad, exhaustividad, equilibrio, comparabilidad, precisión, puntualidad, claridad y fiabilidad.

Estos principios son útiles tanto para la elaboración de los informes de sostenibilidad como para las comunicaciones, en general.

Consideramos que un informe efectivo para demostrar el avance del recurso patrimonial en la contribución al logro de los ODS debería incorporar los siguientes elementos que recogen sus bases éticas y de buen gobierno:

— **Categorización del recurso patrimonial:** nombre, tipología, titularidad, modelo de gestión y dirección completa.

— **Carta de compromiso** del recurso patrimonial sobre su contribución a los ODS.

— **Misión:** descripción del legado histórico, cultural y natural del recurso patrimonial a la humanidad y su aportación para promover la paz y el desarrollo social, ambiental y económico sostenible.

— **Visión:** cuáles son las metas del elemento patrimonial en un plazo determinado de tiempo, incluyendo, igualmente, a dónde queremos llegar en relación con la sostenibilidad. La visión es un objetivo a largo plazo que revisamos y renovamos con el tiempo.

— **Valores:** transmiten los principios operativos del elemento patrimonial. Son las actitudes y prácticas que unen como equipo y reflejan la forma en que se desarrollan las relaciones en el camino hacia la sostenibilidad.

— **Organigrama:** cuál es la estructura interna del recurso patrimonial y sus datos de contacto.

— **Análisis de los grupos de interés** identificados en el *Paso 02 Definiendo prioridades:* descripción breve de las partes interesadas que se ven afectadas directa o indirectamente por la actividad del recurso patrimonial.

— **Diagnóstico:** contextualización del punto de partida del hito patrimonial en materia de sostenibilidad. Sugerimos incluir la matriz de materialidad y los gráficos propuestos en la práctica del *Paso 02 Definiendo prioridades*.

— **Hoja de ruta de la sostenibilidad:** plan de acción desarrollado en el *Paso 03 Estableciendo objetivos*, indicando en este caso, además, el departamento o persona responsable para cada acción propuesta.

— **Difusión:** partiendo del *Paso 03 Estableciendo objetivos*, hacer una descripción genérica de los canales de comunicación que vamos a utilizar para dar a conocer nuestro compromiso con los ODS a los grupos de interés.

En la práctica.
Comunicando nuestro compromiso

Como se ha mencionado anteriormente, compartir nuestros avances en sostenibilidad es clave, no solo para constatar el progreso del propio recurso patrimonial, sino para que los distintos grupos de interés conozcan las medidas y compromisos que se están llevando a cabo. Por este motivo, proponemos como inspiración para la gestión patrimonial los siguientes recursos:

RECURSOS

Carta de compromiso
Acceda al modelo propuesto.

¿Dónde publicar la memoria de sostenibilidad y progreso?
Conozca nuestra propuesta de sitios para dar a conocer su compromiso.

Memoria de sostenibilidad y progreso
Acceda a nuestra plantilla de ejemplo.

Guía de recursos para las prácticas

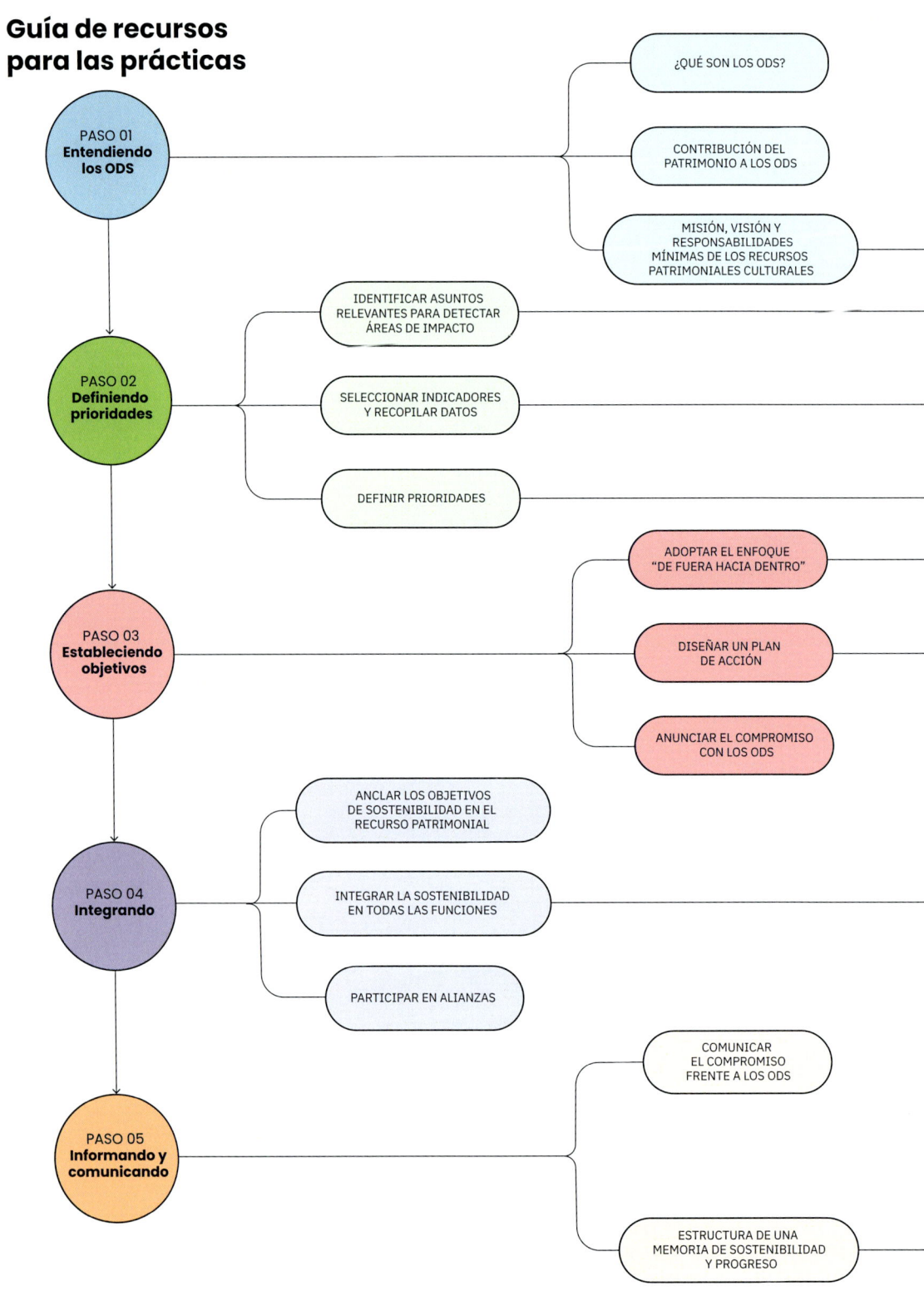

PASO 01
Entendiendo los ODS

¿QUÉ SON LOS ODS?

CONTRIBUCIÓN DEL PATRIMONIO A LOS ODS

MISIÓN, VISIÓN Y RESPONSABILIDADES MÍNIMAS DE LOS RECURSOS PATRIMONIALES CULTURALES

PASO 02
Definiendo prioridades

IDENTIFICAR ASUNTOS RELEVANTES PARA DETECTAR ÁREAS DE IMPACTO

SELECCIONAR INDICADORES Y RECOPILAR DATOS

DEFINIR PRIORIDADES

PASO 03
Estableciendo objetivos

ADOPTAR EL ENFOQUE "DE FUERA HACIA DENTRO"

DISEÑAR UN PLAN DE ACCIÓN

ANUNCIAR EL COMPROMISO CON LOS ODS

PASO 04
Integrando

ANCLAR LOS OBJETIVOS DE SOSTENIBILIDAD EN EL RECURSO PATRIMONIAL

INTEGRAR LA SOSTENIBILIDAD EN TODAS LAS FUNCIONES

PARTICIPAR EN ALIANZAS

PASO 05
Informando y comunicando

COMUNICAR EL COMPROMISO FRENTE A LOS ODS

ESTRUCTURA DE UNA MEMORIA DE SOSTENIBILIDAD Y PROGRESO

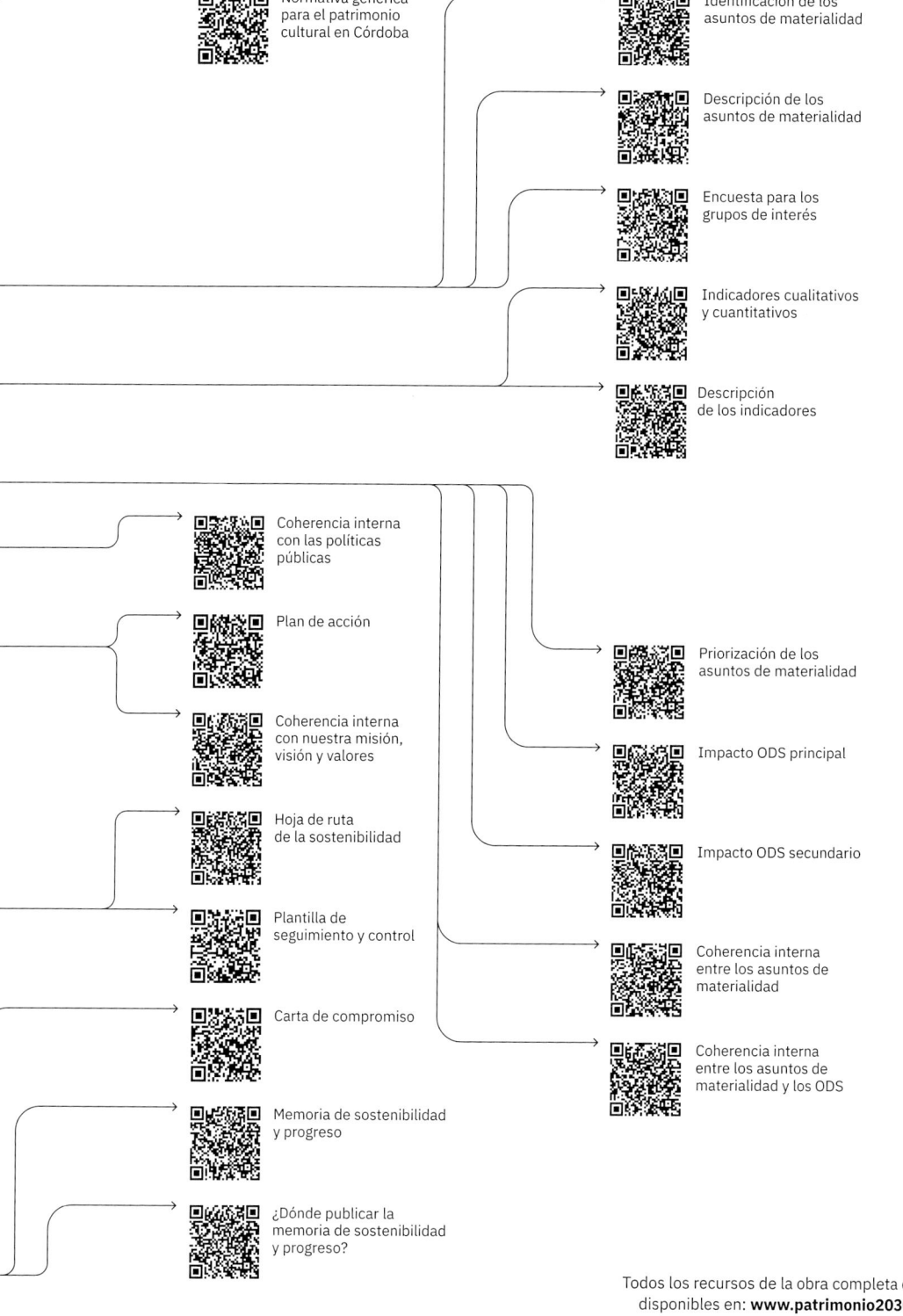

Normativa genérica para el patrimonio cultural en Córdoba

Identificación de los asuntos de materialidad

Descripción de los asuntos de materialidad

Encuesta para los grupos de interés

Indicadores cualitativos y cuantitativos

Descripción de los indicadores

Coherencia interna con las políticas públicas

Plan de acción

Coherencia interna con nuestra misión, visión y valores

Hoja de ruta de la sostenibilidad

Plantilla de seguimiento y control

Carta de compromiso

Memoria de sostenibilidad y progreso

¿Dónde publicar la memoria de sostenibilidad y progreso?

Priorización de los asuntos de materialidad

Impacto ODS principal

Impacto ODS secundario

Coherencia interna entre los asuntos de materialidad

Coherencia interna entre los asuntos de materialidad y los ODS

Todos los recursos de la obra completa están disponibles en: **www.patrimonio2030.org**

Glosario

Accesibilidad: se considera como una forma de inclusión. Que un recurso sea accesible, permite a cualquier persona usuaria hacer uso de él. La accesibilidad puede ser cognitiva, física o sensorial.

Agente del cambio: como su nombre indica, es una persona que busca una transformación mediante la puesta en marcha de acciones, estrategias o mecanismos que permitan mejorar y alcanzar esa transformación.

Alianza multi-actor: Naciones Unidas la define como una relación cooperativa entre diferentes grupos de interés, quienes tienen un mismo propósito. Para ello, actúan adecuando sus acciones y estrategias para favorecer a las partes interesadas y maximizar la "creación de valor" en torno a los Objetivos de Desarrollo Sostenible.

Alianza multinivel: al igual que la alianza multi-actor, es una relación de colaboración. Sin embargo, se da en diferentes niveles de gobernanza, ya sea nacional, regional o local, para cumplir las metas establecidas.

Ámbitos de la sostenibilidad: el desarrollo sostenible tiene en cuenta tres áreas, también conocidas como pilares del desarrollo sostenible, los cuales se relacionan transversalmente entre sí: social, económico y medioambiental. Sostenibilidad es un concepto de equilibrio que se pretende en cada ámbito atendiendo a las peculiaridades sociales, económicas y medioambientales, respectivamente, en relación con un escenario global óptimo, respetuoso y, en definitiva, adecuado.

Análisis de materialidad: es un proceso de diagnóstico que permite localizar los temas más relevantes de un recurso patrimonial considerados por los grupos de interés y por el propio recurso patrimonial. Los asuntos relevantes son aspectos claves para conocer qué actuaciones deben realizarse para lograr la aplicación de la sostenibilidad en nuestro recurso patrimonial. Es aconsejable recurrir a estándares para identificar qué asuntos sobre los que cuestionar la relevancia.

Asuntos de materialidad: también llamados de forma más intuitiva "Asuntos relevantes"; son los temas específicos que es necesario estudiar en el análisis de la materialidad, debiendo incluir todos los aspectos ambientales, sociales y de gobernanza que tengan una influencia notable en la actividad de una entidad y en sus grupos de interés.

Buen gobierno: aunque no existe consenso internacional sobre la definición de 'buena gobernanza', Naciones Unidas indica que su sentido podría abarcar las características siguientes: respeto pleno de los derechos humanos, Estado de Derecho, participación efectiva, asociaciones de múltiples interesados, pluralismo político, procesos e instituciones transparentes que rindan cuentas, un sector público eficiente y eficaz, legitimidad, acceso al conocimiento, información y educación, empoderamiento político de la población, equidad, sostenibilidad, y actitudes y valores que fomenten la responsabilidad, la solidaridad y la tolerancia.

Capacidad de amortiguación: función que tiene un elemento de absorber el ruido y minimizar su impacto hacia el espacio interior.

Capacidad de carga: es la proporción límite de visitantes en un espacio sin que este pierda su identidad y valores culturales.

Casa de vecinos: tipología arquitectónica de vivienda comunitaria en la que varias familias comparten espacios comunes y conviven en torno a un patio, dentro de una misma propiedad.

Casa-patio: tipología arquitectónica en la que la vivienda se organiza alrededor de un patio.

Coherencia de políticas: lograr que acciones o medidas aplicadas vayan en una misma dirección y sean compatibles entre los diferentes niveles de gestión, permitiendo crear un modelo enmarcado en la sostenibilidad.

Cohesión social: se refiere al grado de integración y unión que tiene una sociedad dentro de una comunidad. Cuanto mayor es el grado de cohesión social, más concordia hay en el seno de la ciudadanía.

Comunidad patrimonial: el Consejo de Europa aprueba en 2005 la "Convención de Faro", que establece la relación entre el patrimonio y su valor social e introduce el término de comunidad patrimonial "compuesta por personas que valoran aspectos específicos de un patrimonio cultural que desean conservar y transmitir a futuras generaciones" y que establece vínculos sostenibles entre sí.

Concurso y Fiesta de los patios: según la Declaración de la UNESCO: "A principios del mes de mayo, y por espacio de doce días, tiene lugar en Córdoba la fiesta de los patios. La fiesta comprende dos acontecimientos principales: el Concurso de Patios y la Fiesta de los Patios de Córdoba. En el concurso se otorgan diversas categorías de premios en función de la ornamentación vegetal y floral de los patios, rejas y balcones. Los patios participantes en el concurso están abiertos al público durante toda la fiesta. Ésta consiste en espectáculos, organizados principalmente en los patios más grandes, donde se interpretan canciones y músicas populares cordobesas, en particular cantes y bailes flamencos. Los vecinos, junto con sus familias y amigos, se agrupan para ornamentar los patios, que se convierten en lugares de esparcimiento y celebraciones colectivas en las que todos comen y beben juntos. La Fiesta de los Patios de Córdoba promueve la función del patio como lugar de encuentro intercultural y fomenta un modo de vida colectivo sostenible, basado en el establecimiento de vínculos sociales sólidos y de redes de solidaridad e intercambios entre vecinos, estimulando al mismo tiempo la adquisición de conocimientos y el respeto por la naturaleza."

Consejo Empresarial Mundial para el Desarrollo Sostenible: formado por las principales empresas del mundo, su propósito es intensificar medidas para lograr la sostenibilidad. Facilita herramientas al resto de las empresas para dirigir sus acciones hacia la consecución del desarrollo sostenible.

Década de Acción: se determinó que para 2030 se debía haber logrado la consecución de los ODS, por lo que es el periodo de tiempo restante para lograr el cumplimiento de la Agenda 2030. En estos diez años se exhorta a todas las partes interesadas a crear alianzas y redoblar esfuerzos para lograr el cumplimiento de los Objetivos de Desarrollo Sostenible.

Declaración Universal de Derechos Humanos: es una resolución aprobada por Naciones Unidas en 1948. Es una norma en la que se habla por primera vez de los derechos y libertades de los individuos, las cuales deben garantizarse sin importar cualquier condición. En dicha declaración se abordan derechos sociales, económicos, políticos y culturales.

Densificación: este concepto ha sido utilizado por gobiernos y varias organizaciones internacionales para resolver el problema del crecimiento demográfico no regulado y aprovechar al máximo las áreas potenciales de vivienda.

Derechos Humanos: son derechos intrínsecos en cualquier individuo, independientemente de su edad, sexo, religión o raza. Naciones Unidas los considera como universales, indivisibles y no discriminatorios. Estos incluyen los derechos fundamentales, por lo que deben respetarse, procurarse y garantizar su cumplimiento.

Desarrollo social: busca poner al ser humano en el centro de la toma de decisiones y así poder mejorar su nivel de vida y satisfacer las necesidades básicas.

Desarrollo sostenible: en sus inicios estaba ligado, únicamente, a las ciencias naturales y experimentales. Sin embargo, en 1987, la Asamblea General de Naciones Unidas establece la Comisión Brundtland, en la que se define el desarrollo sostenible como el progreso que satisface las necesidades actuales sin comprometer las de generaciones futuras. El desarrollo sostenible cuenta con tres pilares, que son: lo económico, lo social y lo medioambiental.

Desempeño económico: Naciones Unidas define el desempeño económico como una contribución al área económica de la sostenibilidad basada en un crecimiento económico inclusivo y sostenido que puede impulsar el progreso, crear empleos decentes para todas las personas y mejorar los estándares de vida.

Desempeño medioambiental: el desempeño ambiental es el resultado medible de las acciones que realiza una organización para reducir su impacto ambiental y gestionar los recursos naturales de forma sostenible. Se puede evaluar mediante indicadores como las emisiones de contaminantes, el uso de energía, el cambio climático, la innovación de productos, entre otros.

Desempeño social: según Poverty Probability Index, el desempeño social se define como la aplicación práctica de la misión y visión de un organismo a los valores de una sociedad. Por lo que el desempeño social describe qué tan bien está alcanzando su misión una determinada organización, o sus objetivos sociales.

Diez Principios Universales: son valores que todas aquellas empresas que deciden formar parte del Pacto Global deben aplicar en su gestión. Estos principios se clasifican en cuatro áreas, que son: el medioambiente, los derechos humanos, derechos laborales y la anticorrupción.

Eje práctico: complementa el eje teórico. Sirve para presentar experiencias y resultados obtenidos al aplicar esta guía en un recurso patrimonial.

Eje teórico: ofrece de forma ordenada los datos e información que facilitan la comprensión de la guía.

Energía limpia: se refiere a cualquier tipo de energía que en su producción no genere ningún tipo de contaminación, ya sea por emisión de gases de efecto invernadero ya sea de residuos.

Enfoque "de fuera hacia dentro": previamente a la implementación de cualquier acción o medida es necesario conocer las propias necesidades, el estado de la cuestión y el marco en el que se desempeña nuestra gestión para poder desarrollar estrategias que se enmarcarán en un plan de acción viable y con un impacto real. Esta evaluación nos permite demostrar la contribución de la acción local a los planes globales, poniendo de manifiesto que todas las iniciativas están conectadas y que nuestras acciones están alineadas con la sostenibilidad.

Gentrificación: es un proceso de renovación de un espacio urbano que le otorga un valor añadido, haciéndolo atractivo para un determinado sector de la población, caracterizado por tener una mayor capacidad económica, lo que lleva a población antigua, debido al encarecimiento de la vida a que tenga que retirarse a vivir a zonas más alejadas. ONU-HABITAT lo define como "un proceso de renovación y reconstrucción urbana se acompaña de un flujo de personas de clase media o alta que suele desplazar a los habitantes más pobres de las áreas de intervención".

Gestores y gestoras del patrimonio: son individuos que tienen como objetivo la administración de los recursos patrimoniales. Sus tareas son transversales y pueden abarcar diferentes disciplinas, como la administración de recursos materiales y humanos, el marketing cultural, etc. Asimismo cuentan con conocimientos de los recursos patrimoniales de los que son responsables.

Grupos de interés: también conocidos por sus términos en inglés como "stakeholders", son aquellas partes interesadas o aquellas entidades que se ven afectadas por las decisiones tomadas por el recurso. Las decisiones y actuaciones que se realicen pueden afectarles directa o indirectamente, por lo que es clave tenerlos en cuenta a la hora de la toma de decisiones al ser, también, considerados un elemento clave en la estrategia de sostenibilidad. Entre ellos, están las personas empleadas, accionistas, entidades proveedoras o visitantes.

Hoja de ruta: es un documento en el que se establece una "imagen panorámica" de un proyecto o estrategia. En ella se describen los pasos que se han de seguir para cumplir los objetivos y metas adquiridas al inicio de un plan, programa o proyecto.

ICOM: Consejo Internacional de Museos. Es una organización internacional cuyo fin es poner en valor y conservar el patrimonio en sus diferentes manifestaciones.

ICOMOS: el Consejo Internacional de Monumentos y Sitios Culturales es una organización no gubernamental vinculada a la UNESCO que vela por la puesta en valor, conservación y protección de monumentos y sitios, tal como su nombre refiere.

Impacto negativo: hablamos de impacto negativo cuando el impacto de una acción perjudica a algún ámbito de la sostenibilidad: perjuicios en el ámbito medioambiental, perjuicios en el ámbito social o perjuicios para el equilibrio económico.

Impacto positivo: hablamos de impacto positivo cuando el impacto de una acción beneficia a algún ámbito de la sostenibilidad: beneficia al ámbito medioambiental, beneficia al ámbito social o beneficia al equilibrio económico.

Impacto potencial: un impacto potencial es inicial o aparentemente neutro, pero trabajando una acción que no es evidentemente beneficiosa o perjudicial, puede llegar a serlo.

Inclusión: es la integración de todas las personas que conforman la sociedad. Permite que las personas usuarias tengan las mismas oportunidades y derechos.

Indicador de diagnóstico: es una herramienta de medición, tanto cuantitativa como cualitativa, que nos permite evaluar el estado inicial del aspecto concreto sobre el que se aplica el indicador. Deben ser precisos, fáciles de medir y acordes a la actividad concreta de la entidad, ya que el fin de su aplicación es marcar un punto de partida en la gestión sostenible.

Indicadores cualitativos: son un conjunto de herramientas de medición centrados en la calidad o la descripción del servicio o actuación.

Indicadores cuantitativos: son datos que ofrecen un resultado numérico.

Indicadores de desempeño: se conocen como indicadores de rendimiento o KPI *(Key Performance Indicator)*. Son un conjunto de datos que permiten evaluar si las actuaciones realizadas dentro de la gestión son eficientes para la consecución de los objetivos adquiridos en un tiempo determinado.

Indicadores: son elementos de evaluación que permiten evaluar el rendimiento o progreso para lograr un propósito específico. Existen diferentes tipos de indicadores que se eligen en función de las necesidades de cada gestión. Sin embargo, cualquier indicador debe ser medible, claro y sencillo de identificar.

Índice de nivel de alérgenos: herramienta que se utiliza para medir y comunicar el nivel de alérgenos presentes en el aire en un área específica durante un período determinado. Estos índices suelen ser útiles para las personas que sufren de alergias, ya que les permiten estar informadas sobre los niveles de alérgenos presentes en el entorno y tomar medidas preventivas para evitar o reducir los síntomas alérgicos.

Industrias culturales y creativas: son todas aquellas relacionadas con actividades que se sustentan en expresiones artísticas y valores culturales.

Informe de participación: recopila y resume la participación de individuos, grupos o entidades en un evento, proyecto, actividad o proceso específico. Este tipo de informe proporciona detalles clave sobre qué personas estuvieron involucradas, en qué medida participaron y cuáles fueron sus contribuciones o aportes durante el período determinado.

Iniciativa de Reporte Global: conocido también por sus siglas en inglés, GRI *(Global Reporting Initiative)*, responde a una organización sin ánimo de lucro que proporciona herramientas para demostrar y rendir cuentas de los impactos en temas relacionados con la sostenibilidad, medioambiente o economía.

Localización de los ODS: Los Objetivos de Desarrollo Sostenible marcan unas metas calendarizadas en la Agenda 2030. Para alcanzar dichas metas, cada contribución debe localizarse. Se trata de observar la relación del entorno próximo con cada ODS para saber cuál es el estado actual de impacto y contribución, e ir en una dirección coherente con la realidad y que permita un progreso efectivo en materia de sostenibilidad social, económica y medioambiental.

Materialidad: para cualquier entidad u organización, la materialidad hace referencia a todos aquellos aspectos ambientales, sociales y de gobernanza que tienen un impacto significativo en la actividad de esta y en sus grupos de interés, ya sea en rentabilidad, competitividad, impacto ambiental, responsabilidad social, etc.

Matriz de materialidad: es una herramienta que sirve para representar la importancia relativa que tienen los asuntos de materialidad en la gestión, incluyendo para su realización la participación de los grupos de interés. Normalmente se representa en formato de gráfico de dispersión, siendo un recurso muy visual y sencillo de interpretar.

Medición del impacto: a través de indicadores y de una metodología estructurada, se miden las consecuencias de las acciones presentes o planificadas para identificar en qué medida se están impactando en el ámbito social, económico y medioambiental.

Memoria de sostenibilidad y progreso: es un instrumento que se considera como un valor añadido para el recurso patrimonial. Supone un compromiso con la sostenibilidad y permite la rendición de cuentas con el propio recurso patrimonial y con las partes interesadas, demostrando el progreso en la aplicación de los ODS.

Objetivos de Desarrollo Sostenible: también conocidos por sus siglas como ODS. Conforman la Agenda 2030 con 17 objetivos y 169 metas. Estos, a su vez, cuentan con 244 indicadores que hacen posible la medición de su progreso. Fueron aprobados por 193 países miembros en septiembre de 2015, con la intención de cumplirlos en su totalidad para el año 2030.

Objetivos del Milenio: se aprobaron en el año 2000 durante la Cumbre del Milenio y fueron ratificados en la Declaración del Milenio. En ella se presentaron 8 objetivos y 17 metas, además de una serie de indicadores para medir su progreso. Dichos objetivos buscaban combatir la pobreza extrema, reducir la mortalidad infantil y materna, así como reducir el contagio de enfermedades y el riesgo de epidemias. Los ODM estaban centrados en la cooperación internacional, puesto que iban dirigidos únicamente a países en desarrollo.

Objetivos estratégicos: son parte de la planificación de un recurso. Se establecen los propósitos que se pretenden cumplir en un tiempo determinado y las actuaciones que se han de seguir para su cumplimiento.

Objetivos financieros: como los anteriores, son metas, pero se centran en la parte económica.

Objetivos operativos: son metas concretas que se establecen en un plazo determinado y pretenden contribuir al cumplimiento de un propósito final.

Organización de Naciones Unidas: se fundó en octubre de 1945, al término de la Segunda Guerra Mundial, con la ratificación de la Carta de Naciones Unidas. Su labor se centra en mantener la paz, promover el desarrollo social, procurar el cumplimiento efectivo de los derechos humanos y evitar los conflictos armados. Actualmente, cuenta con 193 países miembros.

Pacto Mundial de Naciones Unidas: también conocido como Pacto Global, es una iniciativa por parte de Naciones Unidas que busca la colaboración del sector empresarial para aplicar una responsabilidad social y contribuir a la consecución de la Agenda 2030.

Patrimonio natural: en la Convención de 1972 para la Protección del Patrimonio Mundial, Cultural y Natural, se define el patrimonio natural como "lugares o monumentos naturales constituidos por formaciones físicas o biológicas que posean un valor universal excepcional desde el punto de vista medioambiental, científico o estético".

Patrimonio: la UNESCO define el patrimonio como todos aquellos recursos que se heredan del pasado, se crean en el presente y se transmiten a las generaciones futuras, abarcando tanto los recursos materiales, como inmateriales y naturales.

Permeabilidad del suelo: es la propiedad que tiene el suelo de facilitar el traspaso de un fluido o líquido sin afectar su estructura.

Plan de acción: es un instrumento que, a través de líneas estratégicas y medidas de actuación, permite a los y las responsables de la gestión alcanzar los objetivos.

Programa de Naciones Unidas para el Desarrollo: también conocido por sus siglas como PNUD, se considera como una agencia de desarrollo perteneciente a Naciones Unidas. Su labor se centra en promover el desarrollo en diversos países y lograr un progreso equitativo, por lo que es parte esencial para lograr los Objetivos de Desarrollo Sostenible.

Programas de desarrollo: tienen como objetivo satisfacer y mejorar el nivel de vida de las personas en los lugares en los que se llevan a cabo.

Recursos patrimoniales: en nuestra guía, hemos considerado el patrimonio cultural, el patrimonio verde-urbano y la casa-patio. Son bienes, tangibles o intangibles, que configuran la identidad de una sociedad.

Red de solidaridad: es un espacio en el que asociaciones o entidades colaboran y participan para establecer medidas, acciones y herramientas que fomenten el desarrollo social.

Registro retributivo de la brecha salarial: es una herramienta que tiene como objetivo la reducción de la diferencia salarial entre hombres y mujeres. Este registro permite garantizar el cumplimiento de los planes de igualdad al dar a conocer datos sobre valores medios de los salarios, los complementos salariales, así como las percepciones extrasalariales desagregados por sexo. De esta forma se presenta y visibiliza si se están produciendo desigualdades o no.

Responsabilidad Social Corporativa: es una forma de gestionar un elemento o recurso, teniendo en cuenta el impacto que generan nuestras actividades en el entorno, así como los grupos de interés, el entorno social, económico y medioambiental.

SDG Compass: también conocida como "Brújula de los ODS", es una guía dirigida al sector empresarial, con el objetivo de servir como una herramienta que permita alinear en pro de la sostenibilidad todas las acciones y estrategias que se pongan en marcha. Así mismo, ofrece información y los procesos para evaluar y cuantificar el impacto sobre los ODS.

Sostenibilidad corporativa: es una estrategia de gestión a largo plazo. Se considera como un valor añadido, puesto que busca una gestión que tenga en cuenta elementos clave en el desarrollo sostenible, como la equidad y la justicia social, la protección al medioambiente y el desarrollo económico.

Sostenibilidad: la Comisión Brundtland de las Naciones Unidas en 1987 propone este concepto que se refiere a la capacidad de satisfacer las necesidades del presente sin comprometer la habilidad de las futuras generaciones de satisfacer sus necesidades propias. Esta sostenibilidad implica el consumo responsable de los recursos actuales, pero asegurando los que sean necesarios para el futuro.

Teoría de Enfoque de capacidades: propuesta por Sen, incluye elementos que antes se excluían de la evaluación del desarrollo de una comunidad. En esta se establece que el desarrollo no solo se da cuando se logra una estabilidad económica, sino que debe considerar el bienestar y la calidad de vida del individuo.

Turismo sostenible: es un tipo de turismo que intenta minimizar el impacto en el medioambiente y en la comunidad receptora, considerando las dimensiones sociales, económicas, políticas y ambientales que incurren las distintas actividades turísticas.

UNESCO: es un organismo especializado de las Naciones Unidas. Sus áreas de actuación son la educación, la cultura y la ciencia, mediante las cuales busca la paz y la seguridad.

Verde urbano: Se denomina verde urbano, zonas verdes urbanas, infraestructura verde urbana, etc., a toda la red de espacios naturales y seminaturales que ha sido planificada y gestionada para proteger la biodiversidad y proveer a la sociedad de servicios ecosistémicos dentro del ámbito urbano.

Bibliografía

— Alesso, M. (2008). Qué es la felicidad según Filón. Circe, (12), 11 – 27.

— Becerril, J.E. (2012). Patrimonio cultural, derechos humanos y desarrollo: coincidencias, ambigüedades y desencuentros. Intervención, 3(6), 6 – 17.

— Bermejo, R. (2014). *Del desarrollo sostenible según Brundtland a la sostenibilidad como biomimesis*. Bizkaia: Universidad del País Vasco. ISBN: 978-84-89916-92-0

— Cariñanos, P., Casares-Porcel, M., & Quesada-Rubio, J.-M. (2014). Estimating the allergenic potential of urban green spaces: A case-study in Granada, Spain. *Landscape and Urban Planning*, 123, 134-144. https://doi.org/10.1016/j.landurbplan.2013.12.009

— Cejudo, R. (2007). CAPACIDADES Y LIBERTAD. Una aproximación a la teoría de Amartya Sen. *Revista Internacional de Sociología*, 65(47), pp. 9-22. ISSN: 0034-9712

— Cejudo, R. (2008). Libertad y calidad de vida. Capacidades para el desarrollo humano. Diputación de Córdoba.

— CGLU (2018). La cultura en los Objetivos de Desarrollo Sostenible: guía práctica para la acción local. Disponible en: https://www.agenda21culture.net/sites/default/files/culturaods_web_es.pdf. Consultado: 8/07/2022, pág. 4.

— Consejeria de Medioambiente y Ordenación del Territorio (Junta de Andalucía). (2018). Estrategia Andaluza de Desarrollo Sostenible 2030 (EADS 2030). Disponible en: https://www.juntadeandalucia.es/export/drupaljda/planes/18/06/edas_2030_0.pdf

— Consejo de Europa. (2005). Convenio Marco del Consejo de Europa sobre el Valor del Patrimonio Cultural para la Sociedad. Disponible en: https://rm.coe.int/16806a18d3

— Coombes, A., Martin, J., & Slater, D. (2019). Defining the allometry of stem and crown diameter of urban trees. *Urban Forestry & Urban Greening*, 44, 126421. https://doi.org/10.1016/j.ufug.2019.126421

— Diputación de Córdoba. (2019). Localización de actuaciones de Diputación de Córdoba para la implementación de los ODS. "Participamos DipuCórdoba 2030". Transformar la provincia de Córdoba, mejorar el mundo. Disponible en: https://dipucordoba.es/wp-content/uploads/2019/04/documentofinalaltacalidad3.pdf

— Esteva, G. (2010). Development. En W. Sachs (ed.), The Development Dictionary. A guide to knowledge as power, (1 – 23). Zed Books

— European Comission. (2020). A New European Bauhuas. ISBN 978-92-76-23389-3

— GRI, Pacto Mundial de las Naciones Unidas, WBCSD (2016). *SDG Compass. La guía para la acción empresarial en los ODS*. Disponible en: https://sdgcompass.org/wp-content/uploads/2016/06/SDG_Compass_Spanish-one-pager-view.pdf

— Hosagrahar, J. (2017). La culture au cœur des ODD. *Le Courrier de l'UNESCO*, 1, 12-14.

— Keitumetse, S. (2014). Cultural Resources as Sustainability Enablers: Towards a Community-Based Cultural Heritage Resources Management (COBACHREM) Model. *Sustainability*, 6(1), (70-85). DOI: 10.3390/su6010070.

— Labadi, S., Giliberto, Francesca, Rosetti, Ilaria, Shetabi, Linda and Yildirim, Ege (2021) Heritage and the sustainable development goals: policy guidance for heritage and development actors. ICOMOS 134p. ISBN 978-2-918086-87-1.

— Lowenthal, D. (1998). El pasado es un país extraño. Akal.

— Martinell Sempere, A. (2020): Cultura y desarrollo sostenible; un estado de la cuestión, *Revista Periférica*, (21), p. 132.

— Martinell, A. (2015). Cultura para el desarrollo y educación: ciudadanos globales, *E-dhc*, (5), 58-70

— Martinell, A. (2021): "Cultura, desarrollo sostenible y creatividad: una reflexión desde la Red Española para el Desarrollo Sostenible (REDS)", *Revista PH*, (104), 2-5

— Museo Guggenheim Bilbao. (2022). Memoria de Actividad 2021. Disponible en: https://cms.guggenheim-bilbao.eus/uploads/2022/06/Memoria-de-actividad-2021.pdf

— Museo Nacional Thyssen-Bornemisza. (2019). Plan Estratégico 2019-2023 de la Fundación Colección Thyssen-Bornemisza F.S.P. Disponible en: https://www.museothyssen.org/sites/default/files/document/2019-11/Plan_estrategico_2019_2023_3.pdf

— Museo Nacional Thyssen-Bornemisza. (2022). Memoria de actuaciones y sostenibilidad (2021). Disponible en: https://www.museothyssen.org/transparencia/estrategia-resultados/memoria

— Naciones Unidas. (1948). Declaración Universal de Derechos Humanos. Resolución de la Asamblea General: 217 A (III). Disponible en: https://www.un.org/es/about-us/universal-declaration-of-human-rights

— Naciones Unidas. (2000). Declaración del Milenio. Resolución de la Asamblea General: A/RES/55/2. Disponible en: https://undocs.org/es/A/RES/55/2

— Naciones Unidas. (2015). Transformar nuestro mundo: la Agenda 2030 para el Desarrollo Sostenible. *Resolución de la Asamblea General*: A/RES/70/1. Disponible en: https://undocs.org/es/A/RES/70/1

— Nava, N. (2014). Carta de Friburgo: Los Derechos Culturales. Revista MEC-EDUPAZ. (VI), pp. 110-126. ISSN: 2007-4778

— Nowak, D. J. (2021). Understanding i-Tree: 2021 Summary of programs and methods. U.S. Department of Agriculture, Forest Service, Northern Research Station. https://doi.org/10.2737/NRS-GTR-200-2021

— Nowak, D. J., & Ogren, T. L. (2021). Variations in urban forest allergy potential among cities and land uses. Urban Forestry & Urban Greening, 63, 127224. https://doi.org/10.1016/j.ufug.2021.127224

— OCDE e ICOM. (2019). Cultura y desarrollo local: Maximizar el impacto. Una guía para gobiernos locales, comunidades y museos. Disponible en: https://www.oecd.org/cfe/leed/OECD-ICOM-GUIDE-MUSEUMS-ES.pdf . Consultado: 29/06/2022.

— Pabón, J.A. (2018). Participación de comunidades y el camino hacia un Derecho Humano al Patrimonio Cultural, Estudios Constitucionales, 16(2), 89 – 116. DOI: 10.4067/S0718-52002018000200089

— Pretzsch, H., Biber, P., Uhl, E., Dahlhausen, J., Rötzer, T., Caldentey, J., Koike, T., van Con, T., Chavanne, A., Seifert, T., Toit, B. du, Farnden, C., & Pauleit, S. (2015). Crown size and growing space requirement of common tree species in urban centres, parks, and forests. Urban Forestry & Urban Greening, 14(3), 466-479. https://doi.org/10.1016/j.ufug.2015.04.006

— Prott, L. y O'Keefe. (1992). Cultural Heritage or Cultural Property?, International Journal of Cultural Property, 1(2), 307 – 320. DOI:10.1017/S094073919200033X

— Querol, M.A. (2020). Manual de gestión del patrimonio cultural. Akal

— REDS. (2021): Hacia una cultura sostenible. Guía práctica para integrar la Agenda 2030 en el sector cultural, p. 21.

— REDS. (2021). Hacia una cultura sostenible. Guía práctica para integrar la Agenda 2030 en el sector cultural. Disponible en: https://reds-sdsn.es/wp- content/uploads/2021/03/REDS-Guia-Cultura-y-Desarrollo-Sostenible-2021.pdf. Consultado: 25/04/2022.

— REDS. (2021). Objetivos de Desarrollo Sostenible y sus metas desde la perspectiva cultural. Disponible en: https://reds-sdsn.es/wp-content/uploads/2022/02/OBJETIVOS-DE-DESARROLLO-SOSTENIBLE-Y-SUS-METAS_web.pdf. Consultado. 4/04/2022.

— Revert, X. (2002). Bienes territoriales y cohesión territorial. En D. Blanquer (coord.), Ordenación y gestión del territorio turístico (409 – 420). Tirant lo Blanch.

— Revert, X. (2017). Patrimonio cultural para el desarrollo humano desde el Enfoque de Capacidades de Amartya Sen. [Tesis de doctorado, Universidad de Valencia]

— Sen, A. (2004). How Does Culture Matter?, En B, RAO. y M, WALTON. (Eds.), Culture and Public Action, (37-58). Stanford University Press

— Soini, K. y Birkeland, I. (2014). Exploring the scientific discourse on cultural Sustainability. *Geoforum* 51, pp. 213.223. DOI: http://dx.doi.org/10.1016/j.geoforum.2013.12.001

— UN Global Compact. (2019). Progress Report, disponible en: https://d306pr3pise04h.cloudfront.net/docs/publications%2F2019-UNGC- Progress-Report.pdf. Consultado: 28/08/2022.

— UN Global Compact. (2019). The decade to deliver. zA call to business action, disponible en: https://www.unglobalcompact.org/library/5715. Consultado: 28/08/2022.

— UNESCO. (2018). *Culture for the 2030 Agenda*. ISBN: 978-92-3-100275-5

— UNESCO. (2020). Indicadores cultura 2030, disponible en: https://unesdoc.unesco.org/ark:/48223/pf0000373570.

— Weil, S. (1952). The need for roots. Routledge

¿Dónde puedo encontrar más información?
En nuestra página web www.patrimonio2030.org podrá
encontrar todos los recursos que ayudarán a su recurso
patrimonial a alinear su estrategia con los ODS.

La web Patrimonio 2030 incluye:
Los documentos en formato digital de los tres volúmenes
de esta obra completa: "Guía para la acción del recurso
patrimonial cultural en los ODS", "Guía para la acción del
patrimonio verde urbano en los ODS" y "Guía para la acción de
la casa-patio en los ODS".

Los recursos desarrollados como inspiración para facilitar,
durante la gestión, el eje práctico de cada uno de los tres libros.

Los glosarios de términos, asuntos relevantes e indicadores.

Una descripción de la utilización de las herramientas para
elaborar los gráficos propuestos.

Buenas prácticas: las memorias de sostenibilidad y progreso
de recursos patrimoniales culturales, patrimonio verde urbano
y casa-patio que han utilizado nuestra guía para su desarrollo.

Más información:
patrimonio2030.org